大阪労音—フォークリポート—プレイガイドジャーナル

プレイガイドジャーナルへの道 1968〜1973

村元 武

東方出版

カバー絵　森英二郎
ブックデザイン　日下潤一＋赤波江春奈

はじめに

「プレイガイドジャーナル」の創刊から崩壊にいたる経緯を書けと勧められていたが、なかなか気持ちが向かなかった。現実に後継のビレッジプレスをやっていたこともあった。ところが2015年になって、数えるとビレッジプレスも30年やってきての区切りの年だった。ようやく気持ちの上で距離を置くことができ、書けるかなと思い始めた。

しかし僕にとっては、1971年「プレイガイドジャーナル」創刊に至る2年前、「フォークリポート」に関わるようになって雑誌編集やミュージシャンとの交流など得がたい体験があった。さらにそれにさかのぼる1964年に「大阪労音（大阪勤労者音楽協議会）」事務局に入って会員が10万人以上の音楽鑑賞団体での組織活動や媒体・舞台の制作活動があり、なかでも1968年から縮小しつつあった大阪労音の組織再建をめぐる2年間の取り組みがあった。それらは一続きのもので分けることはとうていできなかった。

試みにまずの1冊を書くとすれば、1968年をスタートに1970年をはさんでの6年間だろう。激動だった時代とも交錯させながら、三つの組織での活動を通してみてみたい。

1968年に大阪労音再建問題が討議されるようになり、その提案や決定後の実行に移る段階で反対勢力による審議拒否が続き、事務局労働組合をあげての闘争があった。1969年になって再建案は水泡に帰し、その敗北から事務局員総辞職に至った。一方、大阪労音とフォークソングとの関わりが僕の次への道を開くことになった。

1969年に僕は、高石事務所（のちの音楽舎）やURCレコードと連動する兄弟会社アート音楽出版に入社して月刊「フォークリポート」の編集制作を担当。燎原の火のように広がるフォークソングのまっただ中での活動と、会社も事業を広げたが、1970年になってそれらは財政状況とともに急速に失速し、1971年には季刊になってその第1号「冬の号」がわいせつ容疑で押収される事件が起こった。僕は一連の動きに自身の責任もあったし、また新雑誌創刊とその制作集団を立ち上げる計画をふくらませていて、4月に退職を決めた。この3年間の記録を第1部にした。

1971年7月に「プレイガイドジャーナル」を創刊してからは編集制作と関連事業の展開に取り組んで、2年後の1973年6月、草創期の困難から少し方向が見えてきたか、というとき編集長を次にバトンタッチして、事業中心の活動に移った。この3年間の記録を第2部にした。「プレイガイドジャーナル」のピークは本書の内容からもっとあとになるが、それは予想を超えた大きな振幅でもあった。その1973年以降、1985年までの記録も引き続き書こうと思っている。この雑誌の読者だった方々がいるとしても、もう30年以上も前になるのだ。お互い元気なうちにまた出会いたい。

第3部「大阪労音での最後の2年間」は、1968年、半世紀近くも前になるが、この時期の大阪労音を当事者が書いた記録がないだけに、どうしても書いておきたかった。資料からの引用が多くなったし長文になったが、当時僕は職場の最年少であって自らの発言や行動もままならず、ひたすら記録に努めた結果である。資料実作者に感謝したい。

また、書き進めるにあたって、その時々で携わった雑誌からも少なからず引用した。寄稿者にご了承いただければと思う。

本書は、この1968年から1973年までの6年間、僕の体験した個人的な範囲での三つの組織の歴史、一側面の記録である。構成を時系列から外したので、理解のために簡単な年表を最後に載せた。

これら三つの組織・事業は期間の長短はあったにせよ確実に終わりを迎えたし、一方で時代と共振して大きく飛躍した時期もあったことで、似かよったものだった。それらの起伏を本書でも感じとってもらえるだろう。

◎敬称について

本書では、当時第一線で活躍していた著名人や、同じ職場で働いた先輩・同僚や一緒に活動した仲間たちが多く登場する。僕にとってはとうてい敬称無しでは書けない方々ばかりなのですが、その都度心を痛めながら敬称を略してお名前を書き進めました。どうかご寛恕ください。

目次

季刊「フォークリポート」
1970年冬の号

第1部
「フォークリポート」の3年間
1969年～1971年

第1章 「冬の号」がわいせつ容疑で押収される

突然の警察の手入れ、「フォークリポート」押収される

１９７１年2月15日、僕は「フォークリポート・春の号」の出張校正で印刷所に一人で詰めていた。「春の号」は変則編集体制になって東京に出かけての作業が続き、何とかまとまったので、一式を大阪に持ち帰って10日に出稿したばかりだった。

その時事務所から電話がかかってきた。切迫した声で、警察官10数人が捜査令状を持って押しかけてきて家宅捜査されている、「冬の号」がわいせつ図画販売容疑だというのであった。青天の霹靂だった。

その日、発行社のアート音楽出版は誰も事務所にいなくて、秦政明社長にも連絡がとれず、URCレコードの社員が応対していた。どうしようもなく、捜査には邪魔をしないことにしたようだが、部屋のあちこちをかき回して、冬の号在庫４０２冊と、販売店名簿や定期購読者名簿などを押収していったという。事務所内も撮影された。

飛んで帰って、その夜は大阪・東京と手分けして関係者に連絡した。そして東京にいた秦政明の指示でまず弁護士を決めようということになった。心当たりを探し、懇意にしてもらっていた新聞記者の紹介で藤田一良弁護士に相談した。狭山事件にも取り組んでいて、かねてより表現の

分野のわいせつ事件や、マリファナ事件にも取り組んでみたいと思っていたそうで、いいタイミングだった。後に伊方原発訴訟の弁護団長にもなっている。

16日帰阪した秦に藤田弁護士を紹介し、双方の問題意識が一致した。事態に対しては、全社を挙げて放送禁止や発売禁止などと闘っているし、徹底抗戦しかないのは明らかだった。その日夕方には発行人秦の任意取り調べが予定されていたのでその対応策も話しあった。

5時半には秦が曽根崎署に出頭して取り調べに応じた。この日の夕刊各紙には警察発表の事件記事が一斉に載った。目をむくような大きな活字とスペースを割いて「エロ音楽雑誌、手入れ」という見出しが躍った。大阪の販売店にはもう捜査が入り始めていた。

翌17日、抗議文を作成。

執筆者を中心に音楽、映画、文芸など各界の文化人の賛同を得て連名で、大阪府警本部長・曽根崎警察署長あてに、

〔憲法21条に違反し、発行人、編集人、執筆者、読者にとどまらず、広く民衆の基本的人権を乱暴に蹂躙するものであり、同時に、国家権力のファッショ的言論弾圧に大きく道を開くものである〕と抗議した。またマスコミ各社にも送付した。

この日も出頭した秦の話では、警察は販売店、定期購読者を回って残部を回収しているとのことだった。ずいぶん読者・関係者に迷惑をかけることになった。

その後、本来の演奏活動と並行して「冬の号」の編集に加わっていた中川五郎と早川義夫、それに村元も出頭し、わいせつではないという点は主張し、それ以外の制作経過、販売など事実関

係には答えた。取り調べは高圧的でなく、むしろ事務的に、片っ端から調書を作成していた。その文章表現に違和感を抱きながらも、難しい局面にもならず終わった。しかし、印刷所、販売店、購読者へのコンタクトは執拗を極めたし、各所からの「冬の号」の任意回収は徹底していた。

藤田一良弁護士から「わいせつ罪」について聞く

曽根崎署への出頭、取り調べは3月に入ったころまで続いたし、何度も藤田弁護士のレクチャーを受け状況を把握できた。その説明は概略、以下のようだった。

「通常はその本を没収し、略式で調書をとって罰金を払っておしまい。だが、完全黙秘すると身柄拘束となったりする。逮捕の威しもあるが今回は逮捕はないでしょう。

問題の小説はペンネームなので執筆者名を言わないといけないでしょう。誰が書いて誰が関与したかは重要なポイントですから。共犯関係も問題になります。それと編集者名、発行人名など事実は言っても大丈夫。

70年の公安関係がひと段落して、文化面の取り締まりにかかったということかもしれませんね。

取り調べでは、犯罪性の認識は否認すること。わいせつ性を認識をしていたかどうか、意識して書いたかどうかについては、決して思ってないと言わないといけません。討論をふっかけてきて調書を取るのが向こうのやり方ですが、その場では討論しない。それは裁判でやると。

編集部の皆さんのいうように、わいせつなんてない。わいせつなぜ悪い。表現の自由。この主張でいきましょう。

押収した本の所有権を放棄させて起訴猶予にし、影でやるのが彼らの常套手段なんです。表に出たら一定の基準が要りますから。向こうも大変です。

起訴は忘れたころにやるんじゃないですか。いつまでもほったらかしもあります」

「春の号」は印刷会社の捜査が影響するかもしれないと思っていたが、校了にもっていけたし、印刷も順調に進んでいた。取り調べと対策会議、校正などが続き、来阪して合流していた早川義夫は、1月に長女が生まれたばかりのわが家に長期滞在し、安眠できない毎日を余儀なくされていた。

定期購読者向けの冊子「マイナー手帖2」を、今度の事件特集にして「春の号」に付けようと決め、その記事の一つとして、2月24日、秦、早川、中川、村元で押収前後からと現状について座談会「なぜ悪い」をやった。加えて、事件の経過、曽根崎警察署での取り調べ風景、新聞や週刊誌の記事、抗議文などを併せ、藤田弁護士には「わいせつ罪を考える」という解説を書いてもらった。

「わいせつ」とは最高裁判所の判例によれば「徒らに性欲を興奮又は刺激せしめ、かつ普通人の正常な性的羞恥を害し善良な性的道義観念に反する」ことを言うのだそうである。しかし、このように定義されたとしても「わいせつ」の中味は少しも明らかにされたことにならない。(略)

そもそも何が犯罪であり、それに対する刑罰がどのようなものであるかを前以って明確に定めておくことによって、権力の恣意的な刑罰権の行使から人権を擁護することが刑法の最大の機能（罪刑法定主義）であるが、このような観点から何を犯罪とみるか結局は裁判官の主観に賭けられ、その資質次第では気違いに刃物になりかねない「わいせつ罪」のごときは、規定自体そのあいまい性の故を以って効力に疑義をとどめざるを得ないのである。（略）

わがフォークリポート社の被疑者の各位は捜査官に対し、「わいせつなどというものはこの世に存在しないものである」というユニークな立場で終始したため、確実に正式裁判への道を歩いておられると聞いている。

今回の同社に対する取り締りは単に問題の雑誌だけでなく、、現体制に対する否定性を基本理念とするレコードその他同社の関連事業を含めた全体の活動に対する当局の嫌悪感のあらわれであることは容易に推測できるのであり、いつも意気盛んで別段はげましを必要とするとは思えない彼等と、彼等をめぐる「わいせつ事件」のなり行きを注目し続けていただきたい。

１９７１年3月10日、「春の号」は無事に完成し、迷惑をかけた読者に発送した。

ここにいたる僕の「フォークリポート」編集制作への参加は、１９６９年6月、大阪労音事務局を退職してアート音楽出版入社まで遡るが、それを次章から追って書いてみたい。

第2章　アート音楽出版に入社

秦政明社長との話しあい

1969年6月9日、竹村隆文と梅田彰と僕は、樋口浩の誘いで高石事務所の社長秦政明と会った。4人は、第3部でくわしく触れるが、大阪労音事務局での同僚で、再建案をめぐっての闘争の末5月に一斉に辞職した一員だった。

秦は、大阪の同じ業界（音楽分野の興行）で活動していて大阪労音のメンバーとは旧知だったが、2年前に高石友也とで創業した高石事務所（のちの音楽舎）とその展開を熱っぽく語った。

高石事務所はミュージシャンのマネージメント、ブッキングの会社であり、また所属ミュージシャンの多くはシンガーであると同時にソングライターでもあるので、その著作権を管理し、レコーディング原盤を制作するアート音楽出版という会社もすでに設立しており、さらに会員制の「アングラレコードクラブ（URC）」もスタートさせていた。

このころには、「アングラレコードクラブ」の予想以上の手応えを得て、本格的にレコードを市販する、といってもマイナーなレコード会社「URCレコード」を設立するプランを実行させようとしているときだった。

アメリカでの動きを例にマイナーレコード会社の展望、そして会社設立にあたって早急に制作体制、営業体制を構築しなければならないこと、また販売網として各都道府県に1店以上のURCフォークチェーン店を決めて契約し、フォークソングとシンガーソングライター、リスナーの拠点としての組織作りを進めたいことなど、計画は具体的だったし、いずれも急を要することだった。夏に向けてフォークソングを取り巻く音楽的・社会的な動きは爆発的様相を見せていた。春から急速に広がった新宿駅西口地下広場フォーク集会は機動隊が出動するなど大きな社会問題になっていたし、「反戦のための万国博覧会（ハンパク）」「全日本フォークジャンボリー（中津川）」「フォークキャンプ」など、高石事務所の関わるビッグイベントも目白押しだった。

高石事務所の所属ミュージシャンも増えて、大阪に加えて東京にも事務所を開設し、東京ではURCレコード初回リリースのためのレコーディングが進んでいた。

この年1月には、アメリカの「The Folk Song magazine SING OUT!」をモデルに、月刊「うたうたうた　フォークリポート」をアート音楽出版が創刊した。初めて自前のメディアをもったわけだが、同時にフォークシンガーと新しく生まれる歌を紹介するわが国では画期的な商業雑誌なのだ。「ニューミュージックマガジン」も「新譜ジャーナル」もまだなかった。

しかし、号を重ねるにつれ刊行日を遅らせがちだった。圧倒的にスタッフが足りないのだ。4人は入社を強く要望された。

入社を決める

その後6月21日から連続して3日間話しあいを持って、1日でも早くということで我々4人は入社を決めたのだった。

僕は大阪労音事務局時代から取り組んでいた機関誌「新音楽」の編集経験で、できれば「フォークリポート」の編集をやりたいという希望を出した。それが受け入れられてアート音楽出版所属になり、URCレコード所属の梅田彰とが大阪で働き、樋口浩と竹村隆文は東京事務所勤務になり、早々に引っ越すことになった。

高石事務所、アート音楽出版、URCレコードの3社はいずれも有限会社で社長は秦政明だった。何度かの話しあいには、当時社員だった小倉エージ（その後「ニューミュージックマガジン」を経て音楽評論家に）、田頭道登（岡林信康の盟友だった。のちにキューバへも渡航）や高木輝元（のちに如月ミュージックファクトリーを興す）も随時参加した。

6月25日、「（プレ）ハンパクフォークコンサート」が中之島中央公会堂で開催された。中川五郎、岡林信康、岩井宏、西尾志真子、アプルパミス、阪大ニグロらが歌い、作曲家の林光や音楽評論家の三橋一夫も出演していて、もちろん秦政明ほか高石事務所の社員も集まっていた。会場は超満員で1000人も集まっていただろうか。中川らはコンサート終了後、中之島公園に出て歌いはじめた。

一方、我々は依然として大阪労音再建案闘争の後遺症を引きずっていて、コンサートの日の昼間、大阪労音事務局時代の元組合執行委員の面々が樋口浩委員長宅に集まった。なぜ負けたのか、こんな形で辞めることになったのか、総括ができているようでできていないような気持ちはお互いにあったのだ。話しながら会場に向かったが、満員の観客や出演者に出会い、これからはこの人々と一緒に仕事をすることになるのだと、気の引き締まる思いだった。

6月28日にはURCレコード発足の記者会見を大阪と東京で開いた。

会見では、日本の音楽状況とフォークソング、高石事務所の近年の活動、URCレコードの発足と事業内容など。フォークチェーン店として全国100店と契約、毎月LP1点、EP2点のリリース、歌集や雑誌刊行などを発表し、時代にタイムリーな話題を提供して歓迎された。

大阪労音と高石事務所

ところで、我々は大阪労音事務局を69年5月に退職して、間髪をおかずに秦政明社長のもとに入社することに逡巡がなかったわけではない。大阪労音のフォークソングの活動から高石事務所の行き方を、羨望しながら批判的に見ていたこともあったのだ。

大阪労音のフォークソングと例会（月例主催音楽会）での関わりは64年の「雪村いづみ」が最初だった。例会の企画担当だった田川律の記録によると、アメリカ帰りの雪村は「花はどこへ行ったの」「みじめな戦争」などを歌い、アメリカの集会で生まれたフーテナニーという参加者全員で歌う手法で客席を盛り上げた。それを皮切りに大阪労音は来日するフォークシンガーによる例会を頻繁にもつようになった。64年「ブラザーズフォー」「ピーター、ポール＆マリー」、65年には「オデッタ」「フェニックスシンガーズ」。この時オデッタ歓迎会が開かれ、結成したばかりの阪大ニグロも参加した。

このころ大阪労音の機関誌「新音楽」編集担当だった樋口浩は「生活の中の歌をたずねて」と

いう連載を続けていて、フォークソングを熱心に紹介していた三橋一夫や中村とうようの寄稿もあった。

そういったなかから66年7月、大阪労音フォーク愛好会が発足した。毎月レコードコンサートを開いてアメリカの「フォークソングリバイバル」の動きなどを追っていたが、関西フォーク初期のシンガーソングライターが頻繁に歌うようになっていたのでライブコンサートにも取り組むようになった。9月のサンケイホール*には高石（当時は本名の尻石だった）友也が出演した。高石は大阪に現れてからYMCAなどのフォーク集会に顔を出すようになっていた。

そのころ秦政明は「フォークフォークフォーク」コンサートをアートプロモーション（当時秦がやっていた興行会社）主催で始め、10月には高石がそのステージに出演し、11月から高石の名に換えてシンガーデビューすることになった。

67年には「ジョーン・バエズ」「フェニックスシンガーズ」「ピート・シーガー」が来日し、いよいよ大阪労音のフォークソング例会が盛んになった。バエズの時は阪大で高石や阪大ニグロも参加して平和集会が開かれた。

そして67年9月には秦政明が高石の演奏活動を中心にした高石事務所をスタートさせたのだった。

ここまでに登場した秦政明、田川律、樋口浩はフォークソングに関わる共通した活動を経ていた。遡ると、53年阪大に合唱団フロイントコールが誕生した。前身はうたごえ運動系の阪大合唱団。秦政明は創立メンバーだった。そこに田川が入り、樋口が続いたのだ。またその活動の中か

*サンケイホール〈桜橋・現サンケイブリーゼ〉

ら阪大ニグロも誕生した。ここまでは田川律の記録による（「プレイガイドジャーナル」1978年4月号から）。

秦政明は持ち前のパワーで高石事務所の多様な展開をはかっていったことは前述した。

一方大阪労音は、内外のフォークシンガーの例会を増やしながらも、鑑賞団体であるため例会以上の活動は望むべくもなかった。フォーク愛好会も文字通り同好会の域を出なかった。

高石事務所について我々は注目していたが、輩出してきたフォークシンガーをプロミュージシャンとしてマネージメントし、いわばフォークソングを企業の営利事業として取り組むことで、周りに広がる運動とどのように折り合いをつけるのか、みたいなこともあった。阪大ニグロや中川五郎を中心にした「フォークフロンティア」コンサートを大阪労音が応援してきたのもそんな気持ちがあってのことだと思う。

しかし数十人のミュージシャンと社員を食わせていくことも大変なことなのだ。我々がいた大阪労音も会員数減少を食い止めるための再建案に取り組んだのだったが、その柱になる新規事業案とは、相対的に過剰になった事務局員が労音の周辺に新しく事業を興して移行しようという案だった。それをめぐっては1年半ほど内部闘争があったし、その結果全員で退職することにもなったのだ。批判的に見ながらも、自身の立っている足元も崩れつつあった。

大阪労音が運動的側面のみを強調しながら、しかし会員数を増やすことが至上命題になっていた当時の運営方針を、田川律は辞めるときに「数を増やすことだけが目的なのか」と指摘していたのを思い出す。

秦政明からは、入社時の会談以前に僕は、大阪労音のフォークソングに対する取り組みや、高石事務所の活動を見る視点に対して、「商業主義的であるということで我々のやっていることをすべて否定するのか。我々が地道に活動してきたからこそ現在の成功があるのだ。『フォークフロンティア』がうまくいくのもそうだ。関西のフォークソング運動を大阪労音が育てたというのは過大評価であり、代々木（日本共産党）的発想だ。しかも会員数を増やすために便利に我々を引っぱりだしてきた。それに耐えて我々は歌ってきた。

樋口は労音の事務局員だし、やれることに限界がある。中川五郎をバックアップするにしても最後までは見きれないだろう。我々と合流するべきだ」と反論を聞かされたこともあった。

のちの入社後、「フォークリポート」創刊号からの編集者で五つの赤い風船のリーダー西岡たかしと話したとき、「労音をどのように見てた？」と聞いたことがあった。彼の答えは「音楽では何でもありの団体だ」ということだった。なるほど、そうなのだ。音楽のあらゆるジャンルを百貨店のように取り扱い、大多数の会員を満足させなければならないというのが労音の姿だった。音楽の中でもフォークソング一筋の道を、自分たちの才能を確認しながら歩んでいた側からの見方だと思った。

一人のミュージシャンの才能でもって、コンサートの構成も演出もすべてをとり仕切って、自作の歌をギター1本の演奏でうたい、曲間のしゃべりも自身の生活体験を話すというシンプルなスタイルはとても新鮮だったし、その分歌い手と聴き手の結びつきも強いものがあると思う。

しかし、コンサートは総合舞台芸術であるという観点で携わってきた僕には、異論も少しあった。時には第三者の手に構成演出を渡す場合があってもいいのではないか。それがコンサートの内容を豊富にし、ミュージシャンの魅力を増すこともあるとも思うのだが。現在のようにホールコンサートが少なくなり、ライブハウス全盛になっては、それも望むべくもない。

大阪労音のフォークソングを牽引してきた樋口浩が秦政明傘下の会社に入社することがどういう意味をもつのか、という考えも僕はまとまらないまま、すでに自分たちの労音もなく、合流することでより大きな木に成長させることができるのではないかという思いもあった。

後日談だが僕は、秦政明が古代史を研究していた晩年に10年間ほど一緒に仕事をした。秦の編集主宰した季刊雑誌「市民の古代」（第16集以降）と、その後継誌「古代史の海」の制作や発売を引き受けたのだ。そして亡くなるのも見守った（2003年）という関係もあった。秦は古代史の研究では専門家ではなかったが論考は高い評価を得ていたし、「古代史の海」は3代目の編集長で現在も続いている。

また秦は、1952年当時、朝鮮戦争の即時休戦と軍事基地反対闘争「吹田事件」に大阪府学連のリーダーとして活動したのだったが、それを題材にした小説（真継伸彦著『青空』）の主要な登場人物のモデルになっていることも最近になって知った。

ところで我々がアート音楽出版やURCレコードに入社した時点でも、元大阪労音事務局員の大半はまだ再就職であれ起業であれ自営であれ、まだその方向を決めかねていたのが実状だ。活動をはじめても先が見えなかったり、試行錯誤を重ねていたのだろう。それを思うと組合委員長と執行委員の一部がいち早く働く場所を確保したことで複雑な気持ちだった。

第3章 「フォークリポート」事始め

創刊号を見てみると

「うたうたうた　フォークリポート」は69年1月に創刊した。B5変型、60ページ、編集・秦政明、西岡たかし、写真・宮川一朗、美術・松山猛、表紙レイアウト・西岡たかし、定価200円。創刊号の表紙にある「読もうが読むまいが私達は創ります……創ろうが創るまいが私達は買いません……買おうが買うまいが私達は創ります……」がマニフェストだろう。

編集後記はないが、巻末に（世）（青白児）の二つのペンネームによる文章があり、編集に名が挙がっている秦、西岡と思われる。

（世）の「ニセ・進歩派を警戒しよう」を少し引用してみよう。

戦争下のベトナム取材から危険をおかして持ち帰った音源を翻訳して高石が歌う「ぼうや大きくならないで」について、ミニコミ「月刊ＡＰＰＬＥ」の記事は、

〔現実に戦争の行われている国の母親の願いはやはり子供に平和を望むことだろう、しかし、今は多くの人が死んでゆく、だから坊や大きくならないで。これ以上の何ものでもないですネこの

うたは。反戦歌では決してありません。〕とあった。それに対して、〔ベトナムの母親の不正な戦争への怒りを感じる。そして高石友也はまさにそのようにうたっている。（中略）筆者の貧弱な感性にのみたよって、切り捨てごめんの中傷とヒヤカシを加えることなど許されない。（世）〕と反論していた。

また、岡林信康の「山谷ブルース」について、ミニコミ「月刊AGORA」の記事は、〔果たして岡林は山谷の住人と同じように交番に石を投げることができるだろうか？〕とあったが、それに対して、〔岡林がどのように生きているのか知っているのだろうか。（中略）岡林はマンモス交番に石を投げることでは問題は解決しないと知っているからこそうたっているのであり、それ故に、岡林は、山谷のもっとも先進的な労働者によって支持されていることをお知らせしておこう。（世）〕

と反論していた。

ミニコミの記事に対してだったので、ていねいに穏やかに反論しているが、これが権力に対してだったら徹底して痛烈な論調になったと思う。

さて、「フォークリポート」創刊2号目からはA5サイズに縮小して無駄を省いたようだ。月刊だったが隔月刊行が実状で、編集が社長の秦政明と人気グループ五つの赤い風船を率いて各地を演奏ツアーしていた西岡たかしの2人だけでは仕方がなかっただろう。

2号からの専従はデザインと写真担当の武比太夫、岡本睦の二人だった。武比太夫（現在ポルトガル在住の画家武本比登志の当時のペンネーム。岡本睦は旧姓、のちのエッセイスト武本睦子）は五つの赤い風船のメンバーとして西岡に誘われたが、画家志望だったので雑誌のデザインに回ったそうだ。

入社時から大車輪の毎日が始まった

6月30日、事務所に出ると、「フォークリポート」6月号が校了だったので、武本らと一緒に印刷所に向かった。

「フォークリポート」を印刷していた東洋印刷製本は、現在ではもう見ることもできない活版印刷機が回っていて、夢を紡ぐ工場だった。組み版から校正、印刷までがとてもシンプルだったし、目の前で進んだ。以降、毎号必ず何度かの校正や刷り出しで通うのが楽しみだった。

活版は、原稿通りに活字を拾ってページ毎に組むわけだが、印刷が終わったらそれを解版してしまう。溶かして元の鉛に戻す前の解版したバラバラの活字を使って、あるとき武本は数十ページの「読めない本」という作品を作ったこともあった。

また、僕は18年後の1987年ごろ、この印刷会社の山口博司専務から大阪船場の卸組合が出していた月刊機関誌の編集をやらないかと誘われて、以降17年間つきあった。すでに「プレイガイドジャーナル」から離れてビレッジプレスの2年目だったが、まだ試行錯誤の連続で、この月刊誌が決まったことがのちに「雲遊天下」の創刊を資金的に可能にしたと言える。

1969年7月1日、正式にアート音楽出版に入社した。

「フォークリポート」の編集の柱は、ミュージシャンの原稿、新しく生まれた歌を楽譜も含めての紹介、応援団ともいえる音楽評論家や作曲家、詩人、編集者、ラジオディレクター、児童文学者、牧師らによる評論やエッセイ、フォークソングを取り巻く動きやニュース、コンサートスケジュール、読者の投稿など。もちろん高石事務所とURCレコードのPRも抜きにはできない。最初にとりかかった号は9月号だった。まずレギュラー執筆陣とコンタクトをとり原稿依頼をしながらも、今までできてなかった特集を組もうと考えた。

70年を翌年に控えて社会は騒然としていた。70年安保闘争、ベトナム反戦、大学闘争と全共闘、大阪万博、フォークソングの分野でも新宿駅西口地下広場のフォーク集会が盛り上がりを見せ、歌とそれを大勢でうたうプロテストのうねりに対して体制は締め付けを強めてきていた。

その一環が、レコード業界の自主規制や発売禁止、日本民間放送連盟（民放連）の自主規制や放送禁止などによるフォークソングに対する締めつけだった。これに対して秦政明は徹底的に闘う勢いで、特集はこれで行こうと決まった。

特集座談会

柱になる特集座談会を企画し、7月8日、竹中労（ルポライター）、伊藤強（音楽評論家）、坂元良江（TBS）と高石友也、秦政明に出席を依頼した。

内容は、民放連の歌の取り扱い内規（自主規制）や日本レコード協会の製作基準（レコ倫）について、その仕組みや成り立ち、歌が放送で流れなかったりレコードが発売停止になる現状を批判したものだった。自主規制は自分の中の権力に対する怯えだ。レコードの権威をぶっ壊せ。レコードなんて誰でも作れるのだ。要は聞く人とどれだけ結びついていけるかが肝心なことだと、

URCレコードのスタートにあたっての決意表明のようでもあった。

竹中労は「フォークリポート」69年2・3月号からほとんど毎号のように寄稿して、山谷で歌った高石や岡林を応援し、権力権威を舌鋒鋭く批判し、プロテストソングや春歌を擁護した。

僕が大阪労音事務局に在籍していた66年ごろ、竹中労は大阪労音例会企画で関わりがあったし、来阪時に若手事務局員で囲んで話を聞いたこともあった。

そのころ、氏の新著『美空ひばり』（弘文堂）が事務局に山積みしてあったのも憶えている。竹中労は大阪労音の「美空ひばり」例会を、

〔日本の民族と民衆の心を歌っている〕〔ひばりのたぐい稀な才能を、はたらく人びとの未来のために役立てなければならない〕と機関誌「新音楽」誌上で評価した。

しかしその後は、底辺労働者の山谷解放闘争に関わり、フォークソングへの発言はむしろジャンルではなく生まれつつあったアングラソングや、またアングラ演劇としての発見の会『紅のアリス凶状旅』に関わるなど、運動的なダイナミズムや闘いに向かっていたのではないだろうか。それは、67年ビートルズの初来日、武道館公演を記録した『ビートルズレポート』（「話の特集」増刊）にも特筆されるだろう。

特集では他に、「くそくらえ節」「がいこつの唄」などの歌がマスコミに狙い撃ちされた感のある岡林信康に西岡たかしがインタビューした。

特集座談会を終えてから新宿駅西口地下広場へ回った。僕は現場を見るのは初めてだった。フォーク集会は前の土曜日にはついに機動隊が出動する騒ぎになっていたが、その夜も数千人を集

新宿駅西口地下広場のフォーク集会
1969年6月28日（「フォークリポート」9月号より）

めて盛り上がっていた。

第4章　1969年夏

69年夏の野外イベント

「反戦のための万国博」を翌8月にひかえての7月末に「プレハンパク」集会が中之島中央公会堂で開催された。当日のテーマは「我々の芸術創造について」。講演グループは、『危険な思想家』がベストセラーになった評論家の山田宗睦、映画監督の東陽一、自由劇場の演出家・佐藤信。キューバ制作のベトナム戦争の記録映画が上映された。

そしてこのイベントを皮切りに怒涛のような真夏のフォークイベント・シーズンに突入するのだった。

東大阪市「高校生フォークタウン」、名古屋五色園「フォークキャンプ」、宝塚市中山寺合宿～大阪城公園

「高校生フォークタウン」、大阪城公園「反戦のための万国博覧会」~デモ、中津川糀《はな》の湖「全日本フォークジャンボリー」、三田市「平和を考える市民会議」、びわ湖バレー「フォークキャンプ」~円山音楽堂コンサートなどが8月に集中した。それはまさしくわが国のフォーク運動最大の高揚期であり、同時に高石事務所・URCレコードの隆盛のピークでもあった。

各地の会場には想像以上の観客が集まり、ミュージシャンは毎日のように歌い継ぎ、人びとは交流し、新しく生まれた歌がうたわれ、新しい歌い手やグループが各地から集まり、手作りのミニコミが並べられ、レコードや雑誌、歌集が売れた。

「高校生フォークタウン」は山田修が取り組んだ。彼は高校の同級生だった中川五郎とのつながりで大阪労音に出入りしていたし、中川五郎が高石事務所所属になったとき同時に社員になったのではなかったか(所属や社員といっても普通の決まった形ではなく、要は個人的な活動を中心にした上で事務所と共同する仕事もやるというのが近いか)。「高校生フォークタウン」では全国から集まってくる高校生らは中山寺で合宿して、翌日大阪城公園に移ってコンサートをするという、しかも高校生の実行委員会が中心になって運営したのだ。

名古屋五色園「フォークキャンプ」と中津川糀の湖「全日本フォークジャンボリー」はいずれも現地の労音が実質主催だった。会員減と過剰な専従を抱えてその解決策で事務局と運営委員会がねじれてしまった大阪労音だったが、当時は名古屋労音も中津川労音もよく似た問題を抱えていたと思う。その中でフォークソングの大きなイベントを主催できたことに敬意を表したい気持ちだった。名古屋の「フォークキャンプ」はこの年だけだったが、中津川の「全日本フォークジ

「'69全日本フォークジャンボリー」1969年8月8〜9日（フライヤー裏面）

ャンボリー」は実行委員会主催にして、運営するスタッフの柔軟な思考が人びとをとらえ、1970年、1971年と続いた。

僕は「フォークリポート」編集制作の合間を縫って、これらの会場に駆けつけ、この夏の連続する場面に立ち会えたことは生涯の得がたい体験だった。

8月1日、遅れていた「フォークリポート」7・8月合併号を校了してから名古屋五色園「フォークキャンプ」に向かい、帰ってから完成した雑誌を見て販売所や購読者へ発送を終え、7日の中山寺と大阪城公園に移って11日まで続いた「高校生フォークタウン」と「反戦のための万国博覧会」に参加した。

しかし「フォークリポート」9月号出稿が迫っていたため、中津川糀の湖「全日本フォークジャンボリー」とびわ湖バレー「フォークキャンプ」〜円山音楽堂コンサートの参加は断念せざるを得なかった。9月号からは何とか発行日を守りたかったのだ。それは9月2日完成した（A5判・68ページ・定価200

円)。

ハンパクコンサート

さて、大阪城公園では「高校生フォークタウン」と「反戦のための万国博覧会」が開催され、盛り上がり、また激しい論争が起こり、警官が入る事態にもなったのだった。僕も4日間広い会場を歩きまわり、進行や発言を記録した。これらを10月号の「フォークリポート」で考えたかった。

時は下って40年以上経過した現在でも、その当時現場にいた人たちの記録や年譜などをネット上で目にすることができるが、もとより僕にこの時代の歴史を書ける力量もない。わずかに個人的な見聞・体験と、手元に残っている「フォークリポート」を読み返しながら可能な限り振り返ってみよう。

「フォークキャンプ」や「高校生フォークタウン」の場合は、高石や岡林、中川らを中心にして取り囲むように野外会場のあちらこちらに「村」を作って、その輪の中で歌ったり話しあったりするパターンが多かった。

「ハンパク」は8月7日から5日間、呼びかけ人代表は山田宗睦。関西べ平連(ベトナムに平和を!市民連合)、南大阪べ平連、東大阪べ平連、北摂べ平連、デイゴの会などが集合していた。当然ながら、激化していたベトナム戦争をストップさせるための反戦運動としてのハンパクだし、70年安保も照準に入っており、そのための討論会などのプログラムが続いた。演劇や映画もあっ

第4回「フォークキャンプコンサート」1969年8月17日

たようだが僕は見逃している。

8月8日夜のプログラムがフォークソングコンサートだった。

その日の昼間は中山寺から移動してきた「高校生フォークタウン」のコンサートがあり、ミュージシャンは昼夜通して歌うようだった。集まった人びとも高校生に加えて、ベ平連メンバー、学生、労働者が混在していた。ステージに高石や岡林が登場して歌が進行していたとき、会場から東京フォークゲリラのメンバーが論争をもちかけた。

フォークゲリラとの論争

その状況は「フォークリポート」9月号、10月号に詳しい。紙面から彼らの発言を少し引くと、

〔僕たちは街頭で歌っている。街頭でうたう歌こそ僕たちの歌だ。ステージで金とって歌っても意識された人しか来ない〕〔高石さんが反戦歌をうたうときの反戦の思想は何なのか〕〔革命のための歌には、新しい世界にむかって、思想性がなければならない〕〔高石友也がフォークシンガーとして僕たちに与えている影響は大きい。今の高石友也はあまりにもマスコミや事務所なんかに振り回されすぎていると思える〕などというものだった。

それに対して高石は正面から受けて応えた。

〔フォークソング、人びとの歌がどれだけコミュニケートできるか。歌をやっている者にとってはすべての歌をやりたいんだ。人間であればね。愛の歌も、反戦の歌も。それらを歌える状況、街頭で歌ったこともあるし、守られて歌ったこともある〕〔決意表明をやれというのかもしれないが、労働者のために歌うかといわれても、そんなことできないと思う。俺もやっとこさ生きてるだけだ〕〔俺はやっぱり歌うということを大切にしたいんだ。歌を中心にしていろんなものを表現する手段と考えたいわけなんだ〕と。

岡林も反論する。

〔フォークゲリラって名をつけたんはマスコミやって。僕ら、フォークゲリラって大げさな名前つかわなんだけど、街頭でも何回もやった。ところが東京でやるとマスコミがワーッて騒いでくれる。はっきりいって（フォークゲリラは）マスコミにひじょうに貢献してはんのやないか。僕らがマスコミに媚びているなんて、キビシイ感じやけど、おたくらかてある意味で踊らされてやってる。僕は、自分らだけが純粋やみたいな顔してるのがおかしいてしょうがない〕と。

竹中労は9月号で、

〔専門的な芸術家、芸術団体と無縁の地点で生起されたフォークソング運動がいま、広野を焼くような勢いで若者の間に共鳴をひろげ、組織と関わりなく、ラジカルな反体制・政治的役割を果たしている〕〔ほんらい、フォークは一匹狼（ゲリラ）の自由な精神から発して、組織を否定するものであるがゆえに、大衆を広汎に組織し得るのである〕と書いた。

しかし当日その会場で見たものは、それらを現出させたフォークゲリラが、フォークソングの担い手である高石らを批判する。それを目の当たりにして、〔だいぶ話がちがうぞ、オレは面くらってしまった〕と戸惑いを隠さず、〔東京フォークゲリラの発言をきいていて、一種深刻な危惧をいだかざるを得なかったのである。ここにも〝政治主義〟の亡霊が、おどろおどろしく立ちあらわれ、日共文化運動を裏返した党派の論理をムキ出しにしている〕〔運動を形骸化させていく悪しき傾向がすでにみられる〕と批判した。

また同じく会場で見ていた詩人木澤豊は次のように書いた。〔その夜、音楽会は中断した。討論は爆発した。夜どおし続いた。会場に警官が入り、そのことで大テントは激論で揺れた。だが、その時、フォークの歌い手たちはうたい続けていた。歌っているときではない、と批判者は言うのだ〕〔問題は歌の本質だ。歌を組織の方法と考えるか、歌そのものが大衆の表現なのか〕〔歌が途絶えたことによって〝歌〟が問われている状況〕だと。

会場に集まった聴衆はどうかというと、当然ながら歌を聴くために参加しているわけで、論争よりも音楽の継続を望んだ。しかし、しばしば歌うのを止めて議論は続いた。

歌を作り歌いはじめ、やっと人々に支持されるようになったミュージシャン、この国に自然発生的に生まれてまだ数年のフォークソングの萌芽をなぜそこまで性急に批判するのだろうか。我々の歌とその担い手たちを粉砕するのを誰が望んでいるのだ。批判の照準も相手を見誤っているのではないか。歌が広がらないように、歌わさないように仕向けているのは誰なのか。

しかもここは街頭ではない、反戦集会のコンサート会場なのだ。プロもアマもなく大勢が舞台に立って歌っている。プロのミュージシャンは聴衆の強い支持があってこそ存在が可能だし、それを裏で支える所属事務所は商業主義なのか。どのような営利至上主義なのか。

残念ながら、1年もしないうちにその「商業主義」が聞いて呆れるほどもろかった事実と経過を書かざるを得ないのだが、いまはまだ夏の元気いっぱいの時間にいよう。

世はまさに紅衛兵が「雲遊天下」する造叛有理の時代なのだ。これら一連の動きは71年の全日本フォークジャンボリー（中津川）での彼らによるステージ占拠にまで至るのだった。

僕はほんの数か月前に、自分たちの組織・大阪労音の再建案が正当に議論する機関の場で審議され可決され、その後の具体化などが引き続いて議論されるべきが、ある勢力によってストップさせられてきたばかりだった。しかもその再建案は組織の存続を掛けた建設的な方策だったのだ。我々は退職を余儀なくされ、残った組織も衰退の一途だった。

いずれにしてもフォークゲリラから仕掛けられた論争は、その後の重い問題としてミュージシャンや関係者に影を投げかけたのだった。

URCレコード初リリース

8月1日には満を持してURCレコードの第1回新譜が発売された。LPが岡林信康『私を断罪せよ』、五つの赤い風船『おとぎばなし』と、アングラレコードクラブ盤からの再発で『高田渡／五つの赤い風船』。EP盤は、『新宿1969年6月』（フォーク集会の記録音源）と、クラブ盤からの再発岡林信康『くそくらえ節』、ミューテーションファクトリー『イムジン河』だった。

アングラレコードクラブは第3回まで配布を終えあと2回配布が残っていたし、URCレコードの次回新譜を合わせるとその後も毎月何本かが制作されたが、基本的にはレコーディングは東京で樋口浩、小倉エージらがあたった。

大阪でもレコーディングが可能な毎日放送のスタジオを使えたので、西岡たかしを中心に制作チームが組まれ、僕が担当することになった。大阪労音で音楽会の制作や舞台監督の経験はあったがレコーディングの制作現場は初めてで、契約や著作権、各スタッフ編成、それにたいていは徹夜になるスタジオ録音など、冷や汗ものでハードワークに耐えた。

こんな様子を見かねてか、制作陣を強化するためにか、8月に新しい社員が入ってきた。事前に何の動きもアナウンスもなかったので、小斉《こさい》喜弘（のちに歌うようになった加川良）が事務所に現れたときはびっくりした。大阪でのレコーディングスタッフだと聞いて、これでうまくいくと、秦政明社長の采配に感謝した。

アート音楽出版・大阪

この時から、武本、岡本、小斉と村元の4人体制でアート音楽出版の大阪事務所を切り盛りするようになった。その後ある時期からバンジョー奏者の岩井宏も制作スタッフに加わり、みんな当然のように毎日の勤務時間を一緒に行動して、問題なく仕事を消化していったが、実際は学生であったり、シンガーソングライターであったりと、どこまでも自由な職場だった。

このころには関西在住のミュージシャンが編集部によく遊びにきた。一部のシンガーを除けば、まだそれほど歌う場が多かったわけでもなかっただろうし、お互いが顔を合わせて情報を交換したり、新しい歌を披露するのは必要なことだったと思う。この交流の中から新しいグループが生まれることもあった。いわば星雲のようなスペースになっていた。

西岡たかしが編集に関わっていたため五つの赤い風船のメンバー。中川イサト、藤原秀子、長野隆、東祥高をはじめ、中川五郎、有山じゅんじ、武部行正、金森幸介、おおたぼう、村上律、松田幸一、金延幸子、瀬尾一三、高田渡、岩井宏、徳永章、山本雄二、土橋広市、藤村直樹、勝木徹芳、浅井彰、河野善四郎ら実に多くの顔ぶれだった。

グループでいえば、ムッシュ、アップルズ（アップルパミス、アテンションプリーズ）、やまたのおろち、なれあいシンガーズ、愚、赤い鳥、阪大ニグロ、マヨネーズ、バラーズ……。

当時はまだ20代だった彼らは、それから40年以上も歌いつづけると将来を思い描いただろうか。60代になっても新しい歌に挑戦している姿に大きな感動をおぼえる。

会社は兎我野町の山安ビル3階に事務所2部屋と、6階に練習やツアー中のスタッフやミュージシャンの仮眠用に1部屋を借りていた。彼らは6階にあがってギターの練習やセッションをやったりもしていたが、そんな一時を過ごしてから、近所の飯屋を覗いたり、梅田地下街のとっかかりにあった喫茶店パボに移ってまた話しこんだりするのだった。

第5章　秋、失速の始まり

そして1969年夏は過ぎ、盛り上がった人びとも学校や職場に帰っていった。しかし帰らない人も大勢いたことだろう。新しい道を歩きはじめて。

完成した「フォークリポート」9月号の反応が返りはじめていた。

会社には、レコード製作基準管理委員会（レコード製作者の業界団体である日本レコード協会が制定したレコード製作基準に則って、レコード会社が発売するレコードの内容を審査する機関）から、表現の自由を守るために自主規制をしましょうと手紙が届いていた。

もちろん反論の手紙を送った。

URCレコードと業界

URCレコードはレコードを制作して販売する会社なのだから、従来の常識では協会に加盟し、業界のモラルや秩序、慣行、社会の公序良俗に従うことで存続を認められるのだろうが、当初から加盟していなかった。協会は、加盟しないのが理解できなかっただろうし、発売禁止や放送禁止の歌が連続して世の中に普及するのを許すことができなかったのだろう。

まさに右からも左からも批判されるのだが、いよいよ闘志が湧く思いでもあった。しかし、この夏のこれらの出来事は、9月の岡林信康の蒸発、続く12月の高石友也の無期限渡米に影響を与えなかったとは言えないし、さらには1971年2月の「フォークリポート」押収の遠因になったのではないかとも考えられる。

しかし我々は立ち止まるわけにはいかなかった。URCレコードはスタートしたばかりだし、新譜はいずれもが好評でプレスを重ねた。僕は個人的にも大阪労音から転身を図ったばかりだった。

IFC構想発表

1969年9月、竹中労はIFC（インターナショナル・フォーク・キャラバン）構想を発表した。70年安保の年、万博の年にピート・シーガーをはじめラテンアメリカからもミュージシャンを招聘して、日本のフォークシンガーとでフォークキャラバンを編成し、東京、名古屋、京都、大阪、広島など各都市を縦貫し、最後には沖縄まで繰り出そうという壮大なものだった。各都市に新宿駅西口広場的状況を作り出そうというのだ。

ピート・シーガーサイドへの構想と出演依頼の手紙という形で、竹中労は本誌9、10月号から「日常性からの離反のすすめ、もしくは『インターナショナル・フォーク・キャラバン』への熱烈な煽動と勧誘」の連載を開始した。

実際、フォークシンガーとコンサート主催、レコード、印刷媒体を引き受ける秦政明と、招聘業務のベテラン横山東洋夫（ユニバーサルオリエントプロ）との連携で、ピート・シーガー来日とキヤラバン貫徹も十分実現可能だった。

岡林信康、ジャックス

9月6日、岡林信康が「もう歌えない」と大阪労音のコンサート出演をすっぽかして蒸発した。その前には、早川義夫率いるジャックスの解散も大きなニュースだった。ジャックスの解散については、創造的な演奏を続けるロックバンドの活動の困難さ、資金面と事務所の関係、メンバー間の意思疎通など、「フォークリポート」10月号に綴った赤裸々な早川のメッセージは読者の心に強く訴えた。

僕には道楽などないと思ったらあったのですね――JACKS解散理由

……月に5回ぐらいの仕事ではバンドボーイなどやとえないし、そのたびに頭を切りかえ運び屋になったり、演奏者になったり、家で待機したりしていたのです。そして事務所に仕事を下さい、生活できるお金を下さいと要求して、来年の12月まで続けるならば最低保障出すと、いい返事があったのですが、もうそれは遅すぎてしまったのです。

僕たちはぜいたくだったのだろうか。僕は考えてみるんですが、けっしてそうじゃなかったと思う。これは売れない音楽だからこそ売れるようにしなければならぬ事務所側の責任だし。でも責任はなく、原因がそこらじゅうにころがっていたのだ。(略)

そんな状況の中で僕たちの口に出てしまう言葉は不満だらけでした。もう少しがんばろう

と言い続けていた僕までがあやしくなり今度は逆に、早く解散にもっていきたくなったのです。（略）

岡林信康は、9月6日のコンサートをすっぽかしたさい、「フォークリポート」11月号に手記を発表した。

鳥飼さん、ゲリをなおしに旅へ出ます！

だんだん〝歌う機械〟になっていく自分自身。しかし、ここで逃げ出したらどうなる。事務所にまず迷惑がかかる、それからゼニ出して見に来た人を裏切ることになる、そして一緒に出演する仲間たち……。あれやこれやでガマンにガマンを重ねて来た。しかしついにどうしようもなくなったのであります。（略）

でもいつになるのか自分でも解りませんが、僕の歌を聞いてもらえる日までサヨウナラ！一生ケン命考えてゲリを直して来ます。親方キリストはん、やりまっせえ！サイナラ。

＊

9月23日　東京まで出てきましたがやはり歌えません。もう気力がなくなってしまいました。このままでは精神的にカラッポの歌う機械になってしまいます。多くの人々に迷惑をかける事と思いますが、僕が死ぬか生きるかの問題です。許して下さい。もう一度自分をブッこわして、新しく成長したいのです。（略）

ファンや主催者、関係者にとって大きな衝撃だった。またマスコミの格好の話題にもなった。状況は混沌としていた。歌の周りにいる人びとの表情は明るく輝いていたが、とりまく空気は奇妙な明るさだった。しかしその下で息を切らして走りまわっていた僕には、近づいてくる暗雲はまだ見えなかった。

9月27日東京で、現在のフォークソングの問題点についてのティーチイン「フォークソングに何ができるか」が開催された。パネラーは竹中労、中村とうよう、三橋一夫、村田拓、すずききよし、室謙二。僕は「フォークリポート」の記事にする予定で取材した。また前夜には高石事務所主催のメッセージコンサートがあったが、出演予定の岡林の姿はなかった。

一方、「フォークリポート」は月刊で刊行できていたが、僕の力量不足は覆うべくもなかった。毎号誤植の山だったし、言葉や漢字の教養不足は恥ずかしい限りで、今でもバックナンバーを見ると赤面する。三橋一夫に連載原稿の中で「校正をもっとしっかりやれ」と叱られたものだった。

大阪に戻って、「やまたのおろち」のレコーディングに取りかかったり、そのころ京都の新しい動き、シンガーソングライターと詩人たちの結びつきによる「ばとこいあ・コンサート」が四条大宮の誓弘寺で開かれていて参加した。出演は岩井宏、高田渡、豊田勇造、中山ラビ、愚、マヨネーズ。詩人は中山容、有馬敲《たかし》。豊田勇造と出会い、中山ラビの「俺じゃだめ」を聞いた。

IFCとフォーク連合

IFCは高石事務所（URCレコード、アート音楽出版含む）と竹中労事務所（新生社）の共同プロジェクトになるが、いよいよ現実味が帯びてくる中で、具体的にその担い手として「フォーク連合」が誕生して活動を始めた。

竹中労は、「フォークリポート」10月号で、

〔我々が展開しようとする音楽運動は無党派（ノンセクト）・自由連合（フリーダム・ユニオン）を原則とし、一点のほのおが荒野を焼くように、歌声を人びとの間にひろげていく。（略）〕と持論を展開していた。

各地のフォークソング同好会、愛好会などは、「フォークリポート」誌上でその連絡先を掲載していたが、全国に広がって多彩な活動をしていた。シンガーはそれらを拠り所にして歌の旅をしていただろうし、新しい歌はそのネットワークに乗って広がっていっただろう。網の目のような人びとのつながりがフォークソングの普及を強固なものにしていた。

「フォーク連合」は全国の組織をカバーするゆるやかな連合体としてあり、大きなイベントの時には連合して取り組むことになるだろう。ベ平連（ベトナムに平和を！市民連合）の運動スタイルを意識したのは確かだと思う、一枚岩の党派組織とは違うのだという。無党派で自由参加で個々の自由な活動で成り立ち、ときに応じて大きなイベントや人の流れを実現させるのだ。

竹中はＩＦＣを元大阪労音事務局の金一浩司に手伝って欲しいとの希望だった。大阪労音での金一の制作手腕を買っていたのだ。彼のようなプロデュース力を持っていないとこのビッグイベントは乗り切れないと見たのだろう。金一は退職後友人の経営する京都のボウリング場を手伝っていた。折りからのボウリングブームで多忙を極めていたが、交渉役になった僕が会って話して

「フォークリポート」 1969年10月号

みると音楽の世界へ戻ってきたい希望も持っていた。

「日本禁歌集」スタートと制作体制

同じ10月、竹中労はURCレコードのラインナップに「日本禁歌集」シリーズを提案した。

日本の民謡や土着芸能には性の表現を正面からとらえた歌や演奏が脈々と流れているが、公序良俗やレコード製作基準に触れて世の中に出ないし、出てもマスコミには乗らない。近代化が封印してきた民衆の歌、これはフォークソングと同地平のものだという。

当初の竹中労の企画案は「桜川ぴん助風流江戸づくし」「砂川捨丸・芸人長屋　初笑い上方もちつき唄」「大正昭和エログロナンセンス歌集」「赤線のうた（日本売春歌集）」「地底に春歌あり真説炭坑節」「大日本帝国兵隊艶歌」「バレ唄お国ぶり」という日本禁歌集全7集で、毎月頒布するというものだった。最初の「桜川ぴん助」レコーディングはすでに東京で進んでいた。

10月19日、樋口浩が来阪して東京大阪合同の制作会議が開かれた。竹中労企画のIFC、禁歌集シリーズは、動きはじめるとなると高石事務所やURCレコードにとってかつてなく大きな事業になるのだ。

東京では新譜のレコーディングが何点も進行していて資金的にもずいぶんきついし、また大阪での禁歌集レコーディングの体制を組むことも急務だった。

会議が終わってその夜、IFCをやることに決めた金一浩司と、樋口、梅田、僕が集まり、大阪労音事務局退職以来の再会で話も弾んだが、70年4月に予定されているIFCと、その活動母体としてのフォーク連合の活動が半年間の長丁場になることを確認したのだった。

21日には竹中労も加わって天王寺の芸人長屋・團之助事務所を訪れ、芸人たちの出演交渉とスケジュールなどを確認し、夜は金一も呼んで竹中を囲み、構想を話しあう場をもった。「砂川捨丸・芸人長屋」は竹中と作家藤本義一の共同企画だったが、歳末や正月の彼らの芸の中に音頭や数え歌で歌われる「餅つき唄」などが「禁歌」だという。レコーディングは11月に実施することが決まったが、のちに砂川捨丸が出演できなくなった。

新しく企画に加わったのは「博多淡海」と「笑福亭松鶴」。「博多淡海」は竹中労が九州に飛んで急遽レコーディングが決まった。「二輪加芝居」「縁日でのバナナの叩き売り口上」など、淡海の芸に魅せられたのだ。「笑福亭松鶴」は砂川捨丸の出演がダメになったために藤本義一から上がった企画だった。「艶笑小咄」「語り」など。並行して実現を目指した。

この3本を11、12月でレコーディングしようということになった。大阪制作陣としては踏ん張りどころだ。

当時は大阪でレコーディング専門のエンジニア（ミキサー）は我々の人脈にはいなかった。性格上、現場での出張レコーディングになるのだが、録音機材も持ち込む必要があった。これまでのEP盤は毎日放送のスタジオと機材、それにMBSの音響担当者に依頼していたが、これらの禁歌集は天王寺の宴会部屋や博多の芝居小屋などでの録音になるのだ。検討の結果、フェスティバルホール*の音響担当者に依頼した。労音時代からよく知っていたので無理を聞いてもらえたのだ。

「日本禁歌集」の制作に関しては、URCレコードやアート音楽出版のメンバーにはまったく未経験の分野だった。芸人との付き合いもなかったし、実際に聴いたこともなかった。竹中や藤本の企画力や鑑賞眼に頼るしかなかった。デモテープを上げ、販売見通しも含めて社内で検討するなどの、通常の手順は踏まずにレコーディングのスケジュールが決まっていった。これはたぶん竹中労の腕力でもあるのだろう。我々の非力でもあった。

同世代の竹中労と秦政明、このような大きなプロジェクトで共同歩調をとる二人は、なかでも秦はどのような見通しを持っていたのだろうか、今なら当然確認するだろうことが、当時はそれほど疑いもなく、僕はむしろそれらの構想に乗って走っていたのだった。

さて、11月13日、スタートしたフォーク連合事務所に現れた金一浩司は、フォーク連合にはネットワークが最重要と「京大式カード」で作業を開始し、日を追ってそれはみるみる増えていった。人びと、ミュージシャン、団体・グループ、場所、……。実際、このことが組織活動の基本なのだ。

「京大式カード」には目を見はった。パソコンなどはまだ影も形もなかったし、データベースという言葉も考え方も聞いたことがなかった時代だ。僕も彼に教えられて梅棹忠夫『知的生産の技術』を読み、情報はカードで管理するぞと、そのB６判のカードを５００枚印刷して、ノートはカードに替えたことだった。

この時から竹中労の右腕だった新生社の岩永文夫も加わった。のちに彼は竹中労が沖縄の島唄と取り組んだときのイベントやレコード製作などを受け持っている。

芸人長屋、笑福亭松鶴、博多淡海のレコーディング

11月21日、天王寺の宴会部屋を借りて「芸人長屋・團之助事務所」のレコーディングを開始した。

しかしこれは途中で演者側に企画意図の勘違いがあり、一応最後まで音は録ったが、終わっての話しあいでレコードにはできないという結論になった。準備不足の拙速がもたらした失敗だった。企画者の意図が演者側に十分伝わっていなかったのだが、その話しあいもしっかりやられていたのかどうか。必要なミーティングを設定すべきだった僕ら制作陣も含めて三すくみの様相だった。「笑福亭松鶴」を急遽進めることになった。

レコーディング会場にはジャケットの絵を描いている竹中労の父・竹中英太郎、竹中の友人で西成に住む作家の竹島昌威知や詩人の寺島珠雄が出席していて紹介された。僕はのちの「プレイガイドジャーナル」の時代になって寺島と連載や単行本の出版でつきあい、その後、氏が亡くなる1999年まで交遊させてもらった。そのことは書きたいことも多く、のちほど触れたい。

さて、「芸人長屋」では録音エンジニアには悪いことをしたが、次の笑福亭松鶴『松鶴上方へそくずし』と博多での博多淡海『波まくら博多淡海』のレコーディングが迫っていたので連日打ち合わせを重ねた。

＊フェスティバルホール（中之島・現フェスティバルホール＝新）

同じような失敗は詩人・有馬敲のトリビュートアルバム『ぼくのしるし』にも言えることだった。有馬の詩や童謡にシンガーソングライターが曲を付けて歌い、LPにまとめようという岩井宏の企画だった。岩井は機会を見つけてこれらの音を録音していた。次の段階として、マスタリングを11月12日に大阪のスタジオを使って開始したが、何度トライしてもここでは満足のいく音をあげられないことがわかった。エンジニアがそれほど経験もなくケアできなかったのだ。それでラジオ関西のスタジオと音響担当者で12月にやりなおすことになった。

岩井は、このころから我々に加わってレコーディング制作に取り組んでいた。

12月3日、梅田の宴会部屋を借りて「笑福亭松鶴」のレコーディング。2部屋続きの1部屋に録音機材、1部屋で松鶴と奥さんらが並び、「金玉茶屋」「堀江盆踊唄」など思う存分演じた。夜中を越えたが藤本、竹中、秦と、まずは一安心の様子だった。

翌日4日早朝には、武本比登志と小斉喜弘が録音エンジニアと機材を積んで車で博多に向けて出発し、竹中労、竹中英太郎と僕は飛行機で向かった。到着後すぐ博多淡海の出演する芝居小屋に行った。

5日、録音会場はやはり宴会部屋で、隣の部屋に機材を並べてスタッフ連中が陣取り、本番の淡海は乗りに乗った手練れの芸を次々に披露した。「二輪加」「正調博多節」「バナちゃん」など、息子の木村進も加わっての熱演だった。

終了後の打ち上げの場も含めて博多弁の洪水だったが、僕にはなかなか心地よいものだった。

6日我々スタッフ一行は大阪に帰りついたが、この間に使った費用はかなりな額になった。僕は、大阪労音の制作での経験に頼りがちだったが、大阪労音の場合はなにしろ数万人の会員が参加するステージ予算があったし、それも事前に入金される会費なのだ。しかしURCレコードは、これから制作して発売、しかも販売予測も立てられないマイナーレコード会社だった。3本のLP一挙のレコーディングというのも暴挙だし、「日本禁歌集」は確実に売れる専門分野のフォークソングでもなかった。

「日本禁歌集」をやるという方針は会社の決定だったし、竹中労のペースは秦政明と一致していたとは思うが、現場での予算組みはもっと厳しく当たるべきだったと思う。その点は甘かった。これで一挙に会社の資金繰りが悪化することになったのだ。『松鶴上方へそくずし』のリリースはずいぶん遅れることになった。

現在「日本禁歌集」シリーズ全5集はオフノート／メタカンパニーからCDで再発されている。『ぼくのしるし』のマスタリングは12月19日ラジオ関西で、今度はうまくいった。その機会に小斉喜弘、武本比登志と岩井宏とでこれまでの大阪でのレコーディングについて話しあい、反省することが多かったが、形もできてきた。

12月22日、「高校生フォークタウン」がサンケイホールで開催された。出演は五つの赤い風船、中川五郎、高田渡、岩井宏。来年のIFCも見すえて、高石、岡林がいない中でもがんばろうと、山田修が檄を飛ばした。翌1月にはIFCプレキャラバン全国コンサートを若い力の結集で取り組もうと計画していた。

この日、沖縄へ向かう竹中労に会うため伊丹空港に向かった秦政明に同行した。IFCのフィニッシュは沖縄を想定していた。日本各地でキャラバンを盛り上げ、そのまま沖縄へ。ピート・シーガーをはじめ渡航可能な日本のミュージシャンや一般観客も含めて大挙して乗り込もうというものだった。そしてそれを大島渚監督で映画化するプランもあった。そのロケハンもあったのだろう。

年も押し詰まった27日、高校生の読者が3人、突然事務所にやって来たので6階の仮眠部屋へ泊まってもらった。「フォークリポート」の毎号の編集は夜中までの作業が普通だった。事務所はときには明け方までにぎやかだったし、泊まり込める部屋があるのは心強かった。同様に、大阪のスタッフが東京へ行ったときは、表参道のマンションにあった事務所のソファーベッドが定まった寝床だった。

「フォークリポート」寄稿者

編集を担当するようになった9月号から新年号まで5号が経過した。ペースがつかめてからは、フォークソングやその動きに対して新しい見方や歌作りへの提言を出してもらえる書き手を広げようと考えた。いままでの価値基準ではとらえられない歌が急激に世に広がり、またその広がり方で放送・発売禁止などの圧力も受けている音楽・社会現象なのだ。

大阪労音が節目の例会で作曲や音楽監督を委嘱していた林光には連載のOKをもらい、「《ぼくたち》からのあいさつ」が11月号から始まっていた。田川律の口添えもあったと思う。その田川は鳥井安芸の筆名ですでに書いていたし、労音事務局退職組でいうと、多田豊、彼はもともと筆名木澤豊の詩人だったし、エッセイもよくしたので頻繁に協力してもらった。

そのころ「壁の穴」という詩誌が編集部に届いた。詩やボブ・ディランについてのエッセイなどが載っていて面白かった。その筆者で発行者が北中正和だった。何度か原稿をもらっていたが、フリーになって東京に行きたいという考えをもっていたので、こんな時一番頼りになるのがやはり田川律だと思ったので、訪ねていくように勧めた。彼はそれからまもなく「ニューミュージックマガジン」編集部で活動するようになった。

その他にも、木澤の友人で詩人の滝本明、ある詩のグループで僕と一緒だった詩人支路遺耕治、「列島」「夜の詩会」の詩人関根弘、ブレヒトの詩について発言する評論家野村修、中川五郎がその詩に曲を付けて歌っていた詩人山内清らの寄稿を得た。

29日、久しぶりに西岡たかしや岩井宏、アート音楽出版のスタッフ全員が集まった。１９６９年は暮れようとしていた。

第6章　転機の１９７０年と演劇センター68／70

高石渡米とピート・シーガー来日延期

１９７０年を迎えた。安保、万博の年。依然としてベトナム戦争は続いていた。そして高石事務所と、展開していたフォークソングシーンには転機がきていた。

69年8月にはジャックスが解散した。9月には岡林信康が出演するべき会場に現れなかった。そして12月には高石友也も大阪フェスティバルホールでのリサイタルを終えてから無期限渡米してしまった。このコンサートが高石の〔歌との格闘、その一里塚〕だった。事務所との契約も精算し、〔ともあれ69年のフォークブームは終わりました〕（朝日新聞「フォーク雑感」）とアメリカに渡った高石からの原稿が載った。

70年1月に高石事務所は社名を音楽舎に変更した。

さらに、69年12月も押し詰まって、ＩＦＣ（インターナショナル・フォーク・キャラバン）の核になるピート・シーガーから予定の4月には来日が難しいとの手紙が届いた。手順を踏んでの確実な来日の決定・意思表示があったにもかかわらずである。

竹中労と秦政明との緊急の話しあいで、来日が可能になるまでＩＦＣは無期延期にしようということになった。来日が前提での構想だった。これはまた同時に、スタートしたばかりのフォーク連合の危機でもあった。

この一連の動きは何なのだ。

レコード協会や民放連からの圧力（自主規制をしよう、放送禁止）、フォークゲリラから商業主義的との批判、加えて、「赤旗」などの批判も69年秋ごろから相次いだ。

「赤旗」からの批判など

「赤旗」座談会では、
〔フォークリポートというフォークの雑誌に竹中労という男が毎号書いている。「労音？　うたごえ？　くそくらえ！」と書いている。こうした反共の執念にもえている男が、フォーク運動のタクトを振っている〕、
〔こういう潮流がフォークの精神をゆがめている事実を、あいまいにしておくわけにはいかない〕、
〔問題は現在のフォーク運動の中にある一部の反共的な政治的潮流にある〕、
〔フォークもスターシステムでもっているんだが、それを生み出している音楽事務所に問題がある〕、などなど、批判発言が相次いでいた。
また「音楽旬報」紙でも、その批判路線上から「主婦のブルース」「がいこつの唄」や岡林信康、中川五郎などが俎上に上げられた。
もちろん、我が「フォークリポート」連載陣、竹中労、三橋一夫、林光、中村とうようらが一斉に反論したのはいうまでもない。
しかし、
〔少なくとも、文化芸術の活動にたずさわるものは、現在の日共の救いがたいアナクロニズム、半モラリズムなどにハナもひっかけやしないのである〕、とケンカを売っていた竹中労も、

ＩＦＣ無期延期後、連載を2号休んだのちの5月号で、
〔ＩＦＣという怒涛の進撃が不発に終わったことは、かえすがえすも痛恨の極みだった〕と無念な思いで最終回を迎えた。
また、
〔日共の高石事務所圧殺キャンペーンをまさに補完する形で、フォークゲリラの諸君は不毛の内ゲバを演じたのだ〕と夏の論争も思い返した。
他の方の発言も連載から少し引用する。
林光は、
〔なにものにもしばられずなにものにも規定されぬ、というのはかれらの《うた》の運動の暗黙のテーゼであり、例えば自称《前衛政党》の文化支配を事実上拒否しながらここまで大きな《運動》として展開し持続することができたのは、その基礎にそのようないわば《自立の思想》があったからだろう〕、
〔《うた》もまた、あらゆる所で、あらゆる方法で、手段で、環境で、うたわれてならないということはないはずだ。そのくらいの展望に立って、《悪しき商業主義》をきびしくしりぞけながら、《商業主義》という殺し文句をおしたてた巧妙なカクラン行為には断固として立ち向かうことは必要だろう。〕と書いた。
三橋一夫は、高石や岡林が山谷で歌ったり、ベ平連が街頭や新宿で歌いはじめたとき、
〔もはやフォークをそのままにしておくことはできない、と誰かがいきまいたかどうかはわから

ないが、ぼくが出席した「赤旗」本紙上の座談会を皮切りに、一斉にキャンペーンが始まった。」「「うたごえ新聞」「音楽旬報」「月刊労音」「民青新聞」などが同じ時期に「フォークソングについて、こういうのはいいが、ああいうのはいけない」と言いだした」と指摘した。

中村とうようは、

「「フォークリポート」は「反共」だ、という非難の言葉を聞いて、またか、と思った。ぼくの知る限りこの雑誌に共産主義反対の意見が出たことはない。ただ、日本共産党への批判なら、このところ毎号のように林光、竹中労、三橋一夫などの諸氏が健筆をふるっているし、ぼくは昨年4月号、7月号あたりで先鞭をつけた」と書いた。

僕にとっては、大阪労音で経験したシーンの再現を見るようだったし、「フォークリポート」はこれらの状況に多くの紙面を割いた。

権力サイドは、新宿駅西口地下広場のフォーク集会での勢いを鎮めようと力で排除しながら、その発生源である「歌」のパワーを認識し、その供給源であるミュージシャンと所属事務所をマスコミや業界秩序で抑え込もうと画策したが、日本共産党は、歌やシンガーがアナーキーな様相を見せていることを批判し、また論者の批評の矛先が自分たちの党に向かってくることに反応し、メディアを動員して彼らとバックアップする事務所を反共と決めつけるのだった。

しかし、その一連の動きの中でIFC運営の中心になったフォーク連合事務局、各地の活動家、音楽舎、ミュージシャン、竹中労事務所・新生社などがIFC延期とともにしだいに意思を統一できなくなった。みんながそれぞれに主張するなかで見る間に離反の様相を見せていったのも残念なことだった。

元気なのは「高校生フォークタウン」のメンバーだった。高石、岡林がいなくても、IFCがなくなってもプレキャラバンを続けようとしていた。

詩人たちの発言

現代詩のグループの動きも見逃せない。シンガーソングライターとの交流も増えていた。

京都の「ばとこいあ」では有馬敲、中山容らとフォークシンガーのコンサートが続いていたし、有馬の詩を歌う『ぼくのしるし』がリリースされた。

70年1月に支路遺耕治が企画した「詩乱70」では有馬、中山、片桐ユズル、諏訪優が詩を朗読し西岡たかしが加わって歌った。

また喫茶「ディラン」でフォークシンガーが歌うなかで、片桐ユズル、中山容らが詩の朗読で加わったりもした。壁面では糸川燿史の写真が展示されていた。

詩人らは一貫してフォークシンガーとソングライターに熱い声援を送っていた。

歌を作ることと詩を書くことを同地平でとらえていたし、ボブ・ディランらアメリカのシンガーソングライターの歌詞の訳を手がけていて、その動きも同時に紹介論評していた。

片桐ユズルは、

〔労音が高石さんにベッドソングをうたわせないのはけしからん、というレベルで足ぶみしていては、そこからまえへすすまないいんじゃないですか？〕

〔フォークゲリラは（我々よりも）もっと運動から出てるわけでしょう。やっぱり彼らは言いたい事をハッキリ持っていたしさ、ある意味じゃ歌はへただったかもしれないけど、説得力はあったと思うんだ。それが内ゲバみたいなものになってさ、フォークゲリラの連中は、（歌を）手段だけに使っているとか、何とか言ってやっつけたじゃない、フォークゲリラっていう事だけで、もう何かケギライする気風が関西にはあったみたい。（略）弾圧がなかったらああいうふうには出なかったでしょう〕と指摘した。

〔先の長い子どもに賭ける〕児童文学者今江祥智は、

〔夏のこのかた、岡林・高石御両人のまわりにおこったさまざまの声やら足音やらヘルメットやらネクタイのごたごたについては、ぼくは（ほんまにせっかちな連中やなあ…）と思うのです〕と岡林に語りかけた。

フォークスクールの場をつくったりフォークキャンプの世話を引き受けていた牧師村田拓は、フォークソングが民衆の歌であるという自覚がないと、

〔表面的な政治現象に足をさらわれ、それに解消されていく〕だろうし、商業主義に押し流され、単なるブームとして消えてしまうだろうと警告した。

そして、この時期に二人の詩人がいった言葉が「フォークリポート」に載ったが、歌とその変化を的確に示して新鮮だった。

〔ロックは〈重い言葉〉を運ぶ〕（片桐ユズル）

〔もはや眼は中にむかっている〕（中山容）

岡林復活とウッドストックの洗礼

岡林信康は演奏活動を休止していた間に沖縄渡航を計画して当局に拒否され、キューバ渡航を企てて実現せずだったが、しかし体調も回復して1970年2月3日、「フォークリポート」の企画で林光との対談が実現した。僕はテープを回し4月号に掲載した。

そして岡林は4月8日東京共立講堂から始まった「メッセージコンサート」で復活し、引き続き4月19日大阪府立体育館「ロック騒乱祭」ではフォークからロックへ、はっぴいえんどをバックに生まれかわった姿を見せた。(東京は「ロック叛乱祭」文京公会堂)

我々は「フォークリポート」と並行して、西岡たかしが念願していたソングブック『五つの赤い風船68曲綴』を完成させたし、引き続き夏までに『岡林信康ソングブック』も刊行しようとした。何とか大阪制作の突破口をみつけようという考えだった。

そして、さらに春から夏にかけて新しい動きが出てきた。

4月25日には、のちの「春一番」コンサートプロデューサー福岡風太がその前身「BE-IN LOVE-ROCK」コンサートを天王寺野外音楽堂で開催し、大阪の野外コンサートの先駆けになった。

前年の69年アメリカであった「ウッドストック・フェスティバル」のニュースを、この春にはすぐさまフォークやロックのファンの手にまで引き寄せたのだ。それは労音や音楽舎やヤマハやプロのプロモーターではなく、普通の若者たちの手によるものだった。その背景には、フォークキャンプ、フォークスクール、フォーク愛好会などの手探りだが確かな活動の積み重ねがあったし、歌を作り歌いはじめた厚い層が育っていた。同じく69年に開店し大塚まさじが采配する喫茶「ディラン」を拠点に、福岡風太は店のピンク電話で楽天的にその企てを進行したようだ。

映画『ウッドストック・フェスティバル』の日本封切は70年7月25日だが、しかし6月にあった試写会に潜り込んで一足早く鑑賞した中川五郎や中川イサト、東祥髙、山田修で座談会を組んだ。

「あんなフェスティバルが一日も早く日本でも実現できれば」と彼らは興奮冷めやらぬ様子で語った。

もちろん日本でもウッドストックと同時期にフォークキャンプコンサートや全日本フォークジャンボリー（中津川）があったし、69年にはそれを可能にする主催組織と聴衆は存在したのだ。

この年70年の第2回全日本フォークジャンボリーは8月8日からで、音楽舎スタッフをはじめ、URCレコード、「フォークリポート」編集陣は大挙して乗り込んだ。会場に、URCレコードや完成した「フォークリポート」『五つの赤い風船68曲綴』『岡林信康ソングブック』を並べた。

引き続き8月23日からの能勢妙見山での「第5回フォークキャンプ」も同様だった。といっても、僕は相変わらず月刊誌の制作で印刷所に詰める毎日の間隙を縫って会場に駆けつけるという綱渡りだった。

一緒にアート音楽出版で働いていた小斉喜弘（加川良）は、春ごろから歌う練習を始めていたが、この年の第2回全日本フォークジャンボリーに出演してから本格的な演奏活動に入った。

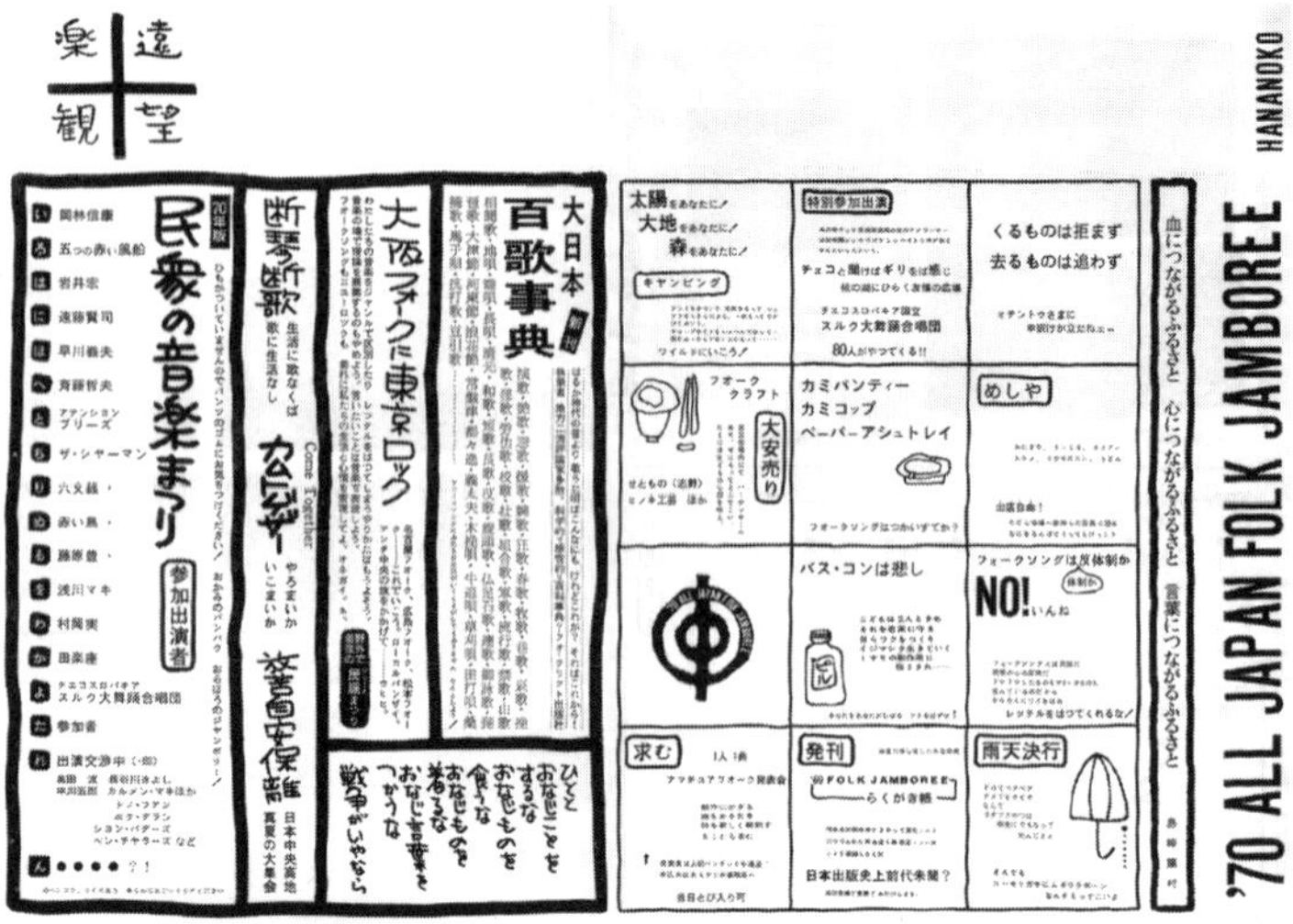

「'70全日本フォークジャンボリー」
1970年8月8〜9日（フライヤー裏面）

今回は映画撮影チームも用意されていた。「ウッドストック」の成功に倣ったのだろう。大阪に帰ってから9月に入ると映画完成のニュースが流れてきた。監督は中本達雄・野村光由、16ミリ1時間半の作品で、岡林信康のテーマソング「だからここに来た」が印象的に流れた。この映画の有料試写会を、大阪と京都は我々が取り組んだ。映画の前に高田渡、加川良、岩井宏、アテンションプリーズらが歌った。

演劇センター68／70黒テント始動

1970年2月、岡林信康・林光対談を終えてから田川律に連れられて麻布の自由劇場に向かった。『鼠小僧次郎吉』が公演中だったか。僕には『赤目』『魔女伝説』『おんなごろしあぶらの地獄』以来だった。

当時自由劇場は壮大なプロジェクトが進行中だった。自由劇場と六月劇場が連合して、発見の会も加わって演劇センター68がスタートしたのだ。

そのころはすでに「68／70」となっていたが、「拠点劇場」「壁面劇場」などの構想と共に「移動劇場」として黒テントができあがりつつあった。2台のトラックでテントの梁を両方向に引っぱり、鉄支柱を立ててテントを張るという大がかりな劇場だった。「壁面劇場」としては巨大な新聞が発行されて、特大の活字で組まれた躍りあがるような言葉にもまた目を見張った。「拠点劇場」は麻布の自由劇場。

大阪では金《かね》一《いち》浩《ひろ》司《し》が中心になって協力体制を立ちあげた。大阪労音でつき合って以来の金一を訪ねて来阪した演劇センター68演出の佐藤信（自由劇場）から構想を聞いたりした。

金一はＩＦＣが無期延期になったころから次の活動の柱に演劇センター68／70・黒テント大阪公演を考えていたのだろう。ボウリング場勤務は継続していたが、舞台監督への復帰や新しい活動に踏み出そうとしていたと思う。僕は金一とで京大西部講堂であったミュージカル『ヘアー』や、芦屋ルナホールでの天井桟敷『時代はサーカスの象にのって』を見にいったりもした。

7月に演劇センター68制作の津野海太郎（六月劇場）が来阪。いよいよ秋の演劇センター68／70『翼を燃やす天使たちの舞踏』関西公演が動き出したのだ。津野は金一宅に連泊して関西公演の骨格について詰めていった。主催は実行委員会を組織して、活動を模索していたフォーク連合事務所の中に置くことにした。担い手のスタッフをどのように集めるか、難航が予想されるテントを張る会場探しの作戦は？　公演の形態は？　など。

大阪では、演劇公演に加えて同時代的に盛り上がっているフォークソングやロックをこの劇場・黒テントに持ち込もうという計画がごく自然に出てきた。これには音楽舎の勢力を引き込もうと山田修が動き、演劇分野への影響力を期待できる大阪労演事務局の加藤三郎や大久保勝子、広報活動のベテランとして元大阪労音事務局の多田豊、そしてどうしても加わってほしかったのは、春以来活動を活発化していた喫茶「ディラン」とそこに集まるメンバーだった。福岡風太、大塚まさじらザ・ディラン、糸川燿史はじめ天王寺野音コンサートの実行スタッフが集まっていた。僕は津野を連れて次々に訪ねたのだった。

9月には田川律も津野海太郎とともに来阪した。田川は、「ニューミュージックマガジン」の編集をやりながら、発行人・飯塚晃東の蝸牛社に所属する林光や佐藤信との関わりですでに演劇センター68／70のメンバーになり、この公演では制作の一員だった。金一浩司宅に泊まり込んで、先ず会場を決めることを優先しようとした。僕も昼間はアート音楽出版で、夜は金一宅に合流して情宣活動という生活が続いた。

会場に公園を想定して動いたが、当時は公園を一団体で長期占有することに大阪府公園課は抵抗が強かった。入場料を取る一般興行もダメだという。申請窓口でまず受けつけてもらえなかったが、いろんなルートで申請を繰り返し、結局役所側が折れて、大坂城公園だが公園広場ではない教育塔前の場所を貸そうということになった。黒テントを張るにはギリギリのスペースだったが、管理する側は見張りが利くということがあったと思う。

金一と情宣のために情報誌「月刊プレイガイド」の芸術新報社も訪れた。天神橋筋商店街のなかほど、喫茶コロンビアのビルの最上階、屋根裏・あなぐらのような編集室で、何人かが原稿を書いていた。彼らはここで原稿を書き、校正をして、寝泊まりする、僕には慣れ親しんだスタイルの場所だった。

彼ら編集部のメンバーは、サポートした発見の会『紅のアリス兇状旅』の大阪公演が終わったところだった。その関係で東京の小劇場の情報もくわしく、演劇センター68／70移動公演はすでに9月号で紹介していた。会いに行って話したことで我々大阪実行委員会の活動と展開に改めて11月号でページを割いてくれた。

僕は3月号の創刊以来愛読していたが、残念なことに7月号で中心スタッフの一人が自殺したという社告が出されていた。我々の記事が掲載された11月号が最終号になって休刊に至った。最初で最後の編集部訪問だった。

大阪公演スタート

11月5日大阪芸大、6〜7日大阪城公園、8日帝塚山学院、9〜11日大阪城公園、12日枚方民間駐車場、13日大阪府立大、14日関学、15日大阪教育大、16日神戸外大と、関西各地12日間の日程を決めた。

フライヤーを見ると、表面は「68／70　翼を燃やす天使たちの舞踏　ミュージカル・トリップ」だが、裏面は「豪華祝祭日　テントへテントから　演劇、フォーク、ロック、映像の豊富なる闇鍋フェスティバル」、主催が大阪実行委員会、連絡先はフォーク連合事務局だった。『翼を燃やす天使たちの舞踏』は構成・佐藤信＋山元清多＋加藤直＋斎藤憐、演出・佐藤信。その舞台は当日演劇を見るまではまったく想像もつかなかったし、それよりもその前の時間を使って構成する我々の「闇鍋フェスティバル」の内容を企画する方に全力を注いだのが正直なところだった。全容が決まるにつれて実行委員もどんどん増えていった。

フォークとロックは中川イサト、高田渡、岩井宏、加川良、友部正人、中川五郎、村上律、金延幸子、岡林信康、遠藤賢司、はっぴいえんど、ザ・ディランらが出演し、演劇的な構成ものでは、こがかつゆき演出「不演不唱（ブルース）」、ひのもとたかぞう構成「フォーカル〈カゴの鳥唄〉」、映画上映は『ハイドパークのローリングストーンズ』『だからここに来た―70全日本フォークジャンボリー記録』。そして糸川燿史らの写真展「ヒップドヒップ」が、公演中のステージや会場風景を撮影して同時進行で黒テントの周囲に展示した。

また岡林は、劇中で歌われるオリジナルソングの作曲を担当した。作詞・佐藤信。

その日　街はひっそりと静かで
そして　最後の裏切りが終った
広場を見おろす　あんたの家は
八つの窓に　覆いをかけた
だあれも見ない
なんにも知らない
すぐに全部　忘れてしまった

あれからこっちは――

あれからこっちは――
夢さえ見なきゃ
夢さえ見なきゃ

（公演台本による「墜ちた鳥たちのバラード」より）

演劇センター68／70の側も演劇公演だけでなく「フェスティバル」を望んでいたし、大阪側の

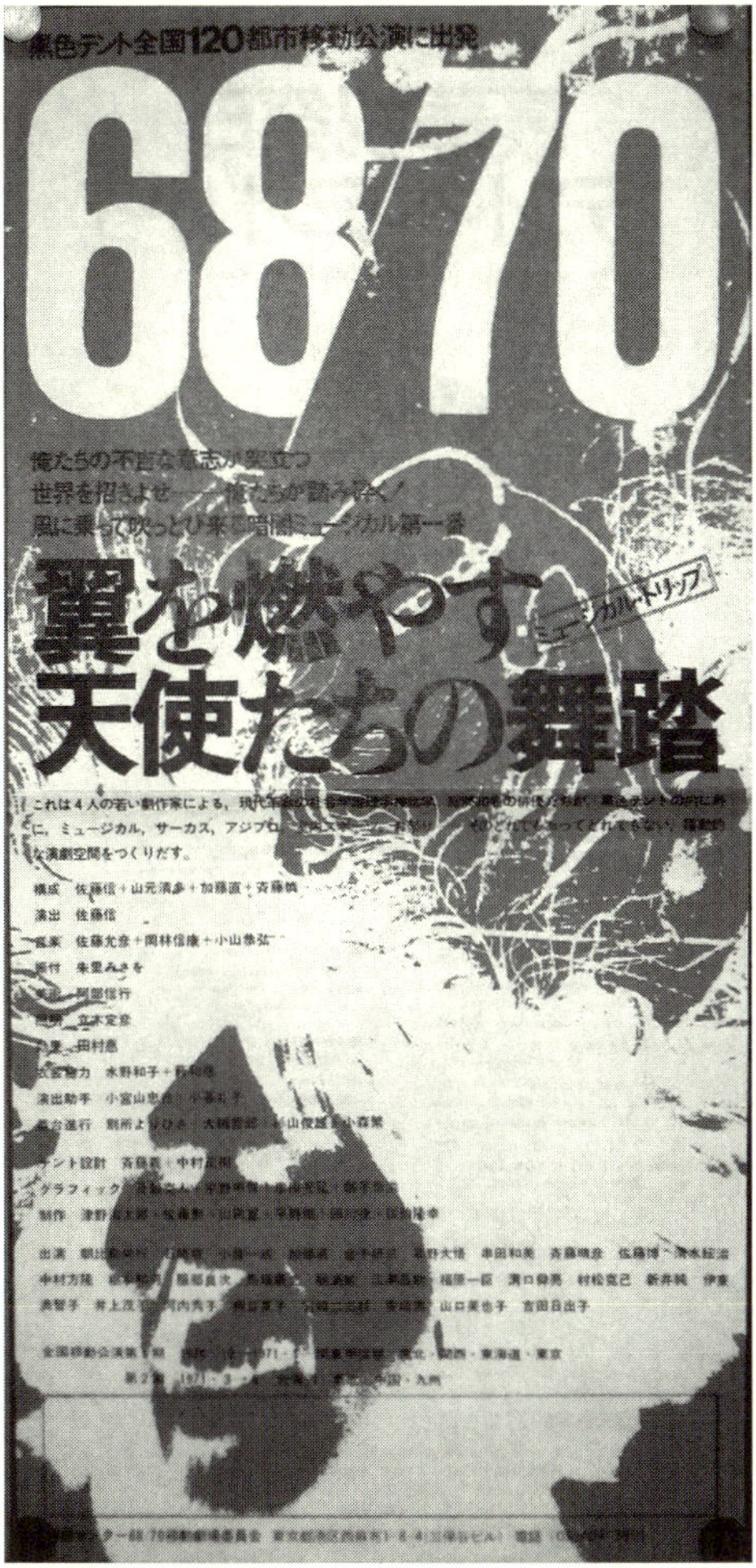

演劇センター68／70
『翼を燃やす天使たちの舞踏』
1970年11月5～16日

意図をよく理解してくれて、貴重な本番の時間を割いてくれた。

大阪実行委員会が発行した新聞「テントへテントから」も多田豊編集で3号まで発行した。「テントへテントから」というイメージは多田の言葉だが、まさにその通りでテントに集まったスタッフはその後さまざまな活動に向かったし、僕もその一人だった。

黒テントでは移動するテントの中に生活があった。稽古をして本番を迎え、公演終了後は食事をして、寝泊まりもする。もちろん照明、音響、大道具などのスタッフも役者も一緒だった。朝テントを撤収して移動し次の会場で設営し、また移動するという毎日だ。全員で鉄棒を担いでテントを張るのだが、2台のトラックの後退に合わせて号令のもと一斉に持ち上げるその鉄棒の太さと重さの感覚は今でも両腕に残っている。実行委員スタッフも毎日のことで日増しに熟練した。終演後、打ち上げに呼ばれて参加できるのもうれしかった。

劇団員は実行委の自宅にも分宿した。金一宅にはいつも数人が泊まり込んだし、わが家にはベテランの役者斎藤晴彦と村松克己が何日か泊まった。その縁で二人とはその後も親しくつきあった。

公演はなかなかトラブル続きで、大阪芸大では大学当局によって学内が使用不許可になって電源を切られたり、大阪城公園では移動とテントを牽引するトラックが故障したり、そのためテントが張ることができず急遽露天で公演したり、映像を塔に映写したり、電源車が故障した時はどこからか電気をひっぱったり、また花火を使ったりなどで役所からクレームが絶えなかった。一日毎に使用許可を出すという条件だったが途中から出なくなり、それでも打ち切ったさいの混乱を当局が恐れてか、とにかく最終日までこぎつけたのだった。

幸い観客も連日満員で公演は大成功だった。そのままテントに合流して東京まで行ってしまった連中もいたほどだった。

第7章　月刊から季刊へ

URC、アート財政逼迫

さて、夏の熱気も冷めはじめ、気がつくと秋はいつものように反省や善後策や今後の方向を再検討する時期になる。

音楽舎所属のプロミュージシャンをこのようなイベント・黒テント公演に大挙動かすという責任問題も当然あった。山田修はすでに9月で音楽舎を辞めてこの公演に賭けようと決めていた。彼は大阪労音で金一と仕事をした経験があり、公演後は舞台監督修業を始めるという。

僕は「フォークリポート」の月刊刊行には穴を開けないように取り組んでいたし、その他の業務も消化しながらの活動とはいえ、ほとんどの精力をこの黒テント公演に注ぎ込んだのだ。秦政明の理解ある眼差しに感謝する思いだった。

URCレコードの新譜は毎月リリースされていたが、後年プレイガイドジャーナル社、ビレッジプレスと曲がりなりにも出版社を体験してきていま言えることは、単行本新刊・企画出版を1年に数本出すだけでも困難な資金繰りは避けられず、ましてやそのうち1本でもコケたらたちまち印刷代の支払いや給料遅配に追い込まれるのだ。

印刷代と印税だけを心配すればいい書籍でそうなのだから、1時間何万円もする東京の大手スタジオをほとんど無制限に使用して、複数のミュージシャンを起用するレコーディングを並行して進め、年間何本もLP盤をリリースするとなれば、想像するだけでも恐ろしいものがある。あまりにも一挙拡大・全面展開を優先しすぎたのだ。それだけ待たれている状況もあったし、それに応えなければと踏んばったのだろう。

加えて、音楽舎の動きでいえば、岡林が復帰したとはいえ、アメリカから帰国した高石友也は音楽舎には復らなかった。IFCの無期延期もあった。「日本禁歌集」の連続リリースもずいぶん重荷だったと思う。そういった70年前半のURC、アート音楽出版、音楽舎3社の資金逼迫がここにきて顕在化してきたのだ。

社内会議では、会社の行き詰まりに対して、もうこれまでとするか、さらに新たな融資を図ってもう少し延命するか、ギリギリの討議が続いた。企業の貸借対照表も初めて見せられたが、なかなか理解できないものだ。資金の流れや収益のありかたが三社三様なのは理解できるが、それらの連携プレーなどもあるのだろう。それを理解するには未経験すぎた。ことここに至ってはやはり唯一の経営者秦政明に頼らざるを得なかったし、経理担当役員の発言も力があった。

これが、フォークゲリラや「赤旗」が批判していた会社の実状だった。メジャーレコード会社と同列に置かれて批判されることもあったが、華々しくスタートして1年後の姿だった。それぞれの給料は知らないが勤務する専従者はURCレコードとアート音楽出版で10人以上いただろう。それにミュージシャンを担当する音楽舎所属のマネージャーが数人。「スターシステム」でプロミュージシャンを売り出し、レコードを売ってボロ儲けしている？　実際これで何人が食えていたのか。

このとき貸借対照表の数字を見て判断することができたら、健全な財政運営とは程遠いことがわかっただろう。個々の制作物の収支、人件費、買掛金、未払金、借入金など。今なら何とか理解できる。

構想はすばらしかったし、能力のあるシンガーソングライターも多数集まっていたし、一挙に展開するスタッフ・社員もいて、実際に展開もした。しかし、状況の華々しい広がりの中でも乗り切れなかったのだ。我々社員の力量不足、経営能力・資金不足などに加え、外部からの批判や、内部分裂、事業の中途挫折など阻害要因には枚挙のいとまがない。

退職してから、中にいてはうかがい知れなかったが、数年経ってから耳に入ったこともあった。実態はしらないが、所属ミュージシャンに対するギャラ分配比率や未払いは当事者の許容範囲を超えていたという。また社長の個人的な浪費もあったという。

経営が悪化してからは、URCレコードの販売部門をエレックレコードに移管したり、また末期には会社資産をメジャーに譲渡したことも聞いた。しかし同様なことは僕の15年後、プレイガイドジャーナル社も経験することだった。

このことでURCレーベルは数奇な運命をたどることになった。URCレコードやアート音楽出版の消滅後、いろんなメーカーが入れ代わり立ち代わり作品を再発売することになり、結果的に現在も聴くことができるし、時代の貴重な財産としてあり続けているのだ。

秦政明の業績の中に批判されることもあっただろうが、69年や70年前期の段階で一部のフォークゲリラや「赤旗」が、放送禁止や発売禁止に合わせたようにミュージシャンや事務所を批判したことも記憶しておくべきだろう。

さて、会社の今後の方向としては何度か会議を重ねて、外部からの融資を求めてもう少しやってみようとなった。

「フォークリポート」新体制

「フォークリポート」は赤字だったが、アート音楽出版全体の収益の中で成り立っていたと思う。当然まず休刊が議題になった。あるいは新聞スタイルにするとか。この雑誌で独立採算を目指す案も出されて、僕は必死になって収支計画を立てて、可能ならそうしたかった。メドのある数字は出なかったが、この時にやった模索が翌71年の「プレイガイドジャーナル」創刊に役立つことになった。

結論としては季刊にして収支を改善することになった。

僕自身はというと、70年の夏前から編集に行き詰まっていた。ミュージシャンの原稿をうまく引き出せないし、評論家や詩人、周辺のブレーンたちの原稿が読者とすれ違ってきているのではないかと思えてきた。

何よりも全国の読者、フォーク連合に集まってきている聴衆、アマチュアシンガー、ベ平連などの活動家ら、彼らが投稿してくる原稿がすごくおもしろくて、かなりなページ数を組むようになっていたのだった。しかしそれははたしてこの「フォークリポート」の目指すべき方向なのかどうか。読者の望んでいることなのか。もっと人気のあるミュージシャンを特集し、発言や活動、新しい歌や評論を中心に編集する方が読者の関心を得るのではないか。そんな迷いもあった。

季刊化と同時に編集部を強化しようということになった。中川五郎と早川義夫が新しく加わり、武本比登志と睦子はかねてからのヨーロッパに向かう計画を実行するために辞めていった。のちに二人はストックフォルムに滞在し、72年ごろ街角で路上ライブでヨーロッパを巡っていた高田渡とばったり会ったりしたそうだ。その後ポルトガルのセトーバルに定住して比登志は画家として大成し、睦子は彼の地の生活をエッセイで綴っている。そのエッセイ集『ポルトガルのえんとつ』『ポルトガルのこうのとり』や『武本比登志ポルトガル作品集』はビレッジプレスから出版し、現在も交流が続く。

さて新しく変わろうとしている「季刊フォークリポート」だが、僕は金一らとの活動が並行して続いていたし、このさい編集部一新をと申し出たが、次から編集の中心になる中川と早川がいずれも現役のシンガーソングライターであることから、専従の立場で編集実務を進めるポジションが必要であるとのことで残留することになった。ただし、一新のイメージを出すために本名をペンネーム（保住映）に替えた。

季刊「フォークリポート冬の号」編集

全日本フォークジャンボリーとフォークキャンプが終わって、その記録を中心に10月号は従来の編集部で進め、無事に9月中ごろには出稿した。

そのころから許す限りの長期滞在で早川が来阪し、中川と村元の3人で新「フォークリポート」の方向について話しあいを続けた。二人は月刊の号に連載中だったたし、現状をよくわかっていて意欲的なプランがどんどん出された。季刊第1号は、次の11月号を休刊して、11・12月合併号（季刊冬の号）として12月1日刊にするということで社内的にはOKになった。ページ数も増えることだし、大型特集を組むことに決めた。当然ながらそれは再建の希望の星である岡林信康、そして大きく舵を切った高石友也の二人だろうと意見が一致した。

事務所の山安ビルは大阪・キタの繁華街のハズレ、太融寺《たいゆう》の裏側にあった。早川は東京からだが、当然のように泊まるところなどを考慮する会社ではなかった。編集期間中はわが家や中川宅に泊まったり、たいていは事務所で夜中まで仕事をして朝を迎えるような生活だった。若かったからできたが、こんなやり方では長続きはたぶんできなかっただろう。何をどのように話し企画を立てたかはもう憶えていないが、とにかく各自が勝手に思うところの原稿をどんどん書き進めたと思う。

早川は、最初から1文字1語ずつをどこまでも一直線に書き綴っていくスタイルで、僕の逡巡しながら前に行ったり後に戻ったりで、書き加えたりカットしたりのやり方とはあまりに違ったために驚いたものだった。

中川は、ある夜中に突然「小説を書く、フォーク小説だ」と宣言して取りかかり、朝までに仕上げてしまった。それが「二人のラブジュース」だった。事務所の周辺は、寺社参道の例にもれずラブホテル街で、中でもネオンも鮮やかな「スワン」が目立ったがそれが小説の舞台の一つに使われていた。また中川は海外の雑誌や新聞、レコードを持参して、貴重な写真やイラストを見せてくれたし、誌面を飾った。早川は自分で割り付けるシンプルな紙面構成や心に沁みる1点の画像へのこだわりがすばらしかった。

つまり、この間の徹夜続きでの悪ノリと思考力低下が、歯止めなく、おもしろい雑誌を作ろうという方向に収斂したのだろうと思う。かくして、これまでの号にはない、想像もできないような、ワンチャンスの、豊かな内容の雑誌ができあがりそうだった。そう思いたかったのだが、まあやりたい放題をやって、恥ずかしい限り。言いたい放題を書いているし、図版や写真は手当たりしだいに他の印刷物から切り取って使っているし、人の迷惑も考えず、著作権もあったもんじゃなかった。11月5日、何とか出稿し、3人はそれぞれ自宅に帰った。

「季刊フォークリポート冬の号」（A5判・160ページ・定価400円）は月末に予定通り完成した。

しかしすぐさまクレームは内から上がってきた。掲載写真がけしからん、自社のレコード評価がけしからん、などなどけっこうシビアな批判があった。

それに加えて、中川と早川が個々に直面する問題も出てきた。1人は大阪だが1人は東京から来ていたし、拘束される時間に対する考え方、自身の演奏活動と雑誌制作のスタンスのとり方、それらをカバーするであろう報酬がどの程度用意されていたのだろうか、されなかったのか。会社は2人が編集部に加わるにあたって長期的な見通しをもっていたのか。2人の不満は大きかったし、お互いの関係もあやしくなりそうだった。

行き詰まった編集部

さて、このチームで次号をどうするかとなるともうお手上げだった。それぞれすばらしい才能を持っている2人だが、結果はついにチーム解消だった。

事態を重視し収拾しようとした秦政明は、次号からの体制として室謙二を編集長に推した。ベ平連で活動していた室は、「冬の号」でもダグラス・ラミス（評論家）と岡林信康、中川五郎の出席した座談会をまとめていた。東京事務所の責任者だった樋口浩は編集部を東京に移し、村元が出てきて早川とで豊富なフリーランスを起用してやれという案だった。負担を軽くして独立採算を目指せというのだ。村元ごと東京に移すという点は秦の考えも同じで、僕は東京に出るかどうかの選択も迫られることになった。

「冬の号」を作ったスタイルや季刊雑誌の方向に存続の手応えを感じたことで、会社としてはとりあえず次号「春の号」は村元がやれということになった。結局、適宜東京に出かけて、早川とで編集することに決まった。

また「日本禁歌集4」の「笑福亭松鶴」は、財政悪化で完成を延期して藤本義一、笑福亭松鶴ら関係者に迷惑をかけていたが、プレスを再開し年初にリリースが決まった。

1970年は終わった。

1971年1月4日、帰阪した木村聖哉がわが家を訪ねてきた。彼は大阪労音事務局退職後、「話の特集」で編集やイベントの制作をやっていた。思えば労音時代、木村や事務局員数人とでスキー旅行に出かけた時、宿の近所の本屋で創刊まもない「話の特集」(創刊第2号)を手に入れ、その夜昂奮しながら廻し読みしたことがあった。その編集部で働くようになるとは、と話したものだった。そういう僕も、ふとコンサート会場で見つけた「フォークリポート」を編集しているのだ、当時は希望は望めば叶うものだったのか。

さっそく二、三の元事務局員に声をかけた。その後の環境はそれぞれ違ったが、戦友のように、会えばたちまち意気投合してしまうのだった。そして騒いだのち深夜遅く雪の中を帰った。数日後の1月8日、長女が誕生した。それはまもなく到来するいくつかの大きな出来事の前ぶれだった。

季刊フォークリポート春の号、早川義夫と

「春の号」にとりかからないといけない。東京の早川義夫と編集プランについて意見を交換しながら、手分けして原稿を用意するようにした。

早川は遠藤賢司の特集を組みたいということでそれをメインにした。ずっと温めていた企画で、二人の対談や、遠藤の歌21曲を一挙掲載するなど大型特集になった。

また第2特集で、遠藤の歌「満足できるかな」につながる「フラストレーション」についての

原稿を集めようということになった。70年安保改定、終わらないベトナム戦争、積み重なるモヤモヤしたフラストレーションと、氾濫するエセ性表現など。谷岡ヤスジの「鼻血ブー」の流行に象徴されるような、「欲求不満宣言」特集だった。

1月いっぱいで原稿が集まり、だいたいメドがついてきたので、2月5日から東京に出かけ、集中して取り組むことにした。加えて、季刊にしたときに月刊定期購読者に向けて、編集者からの通信を付録につけようと決めていたが、早川はその冊子「マイナー手帖1」も完成させた。

表参道にあった事務所に泊まり込んで、また早川や樋口浩の家にも夜中に押しかけたりした。全ページをだいたい仕上げて9日大阪に持ち帰り、それからは毎日印刷所に詰めて細かい指示を出し、組版までつき合っていた。

そして1971年2月15日、「冬の号」のわいせつ図画販売容疑で警察に踏み込まれたのだった。そのことは冒頭第1章に書いた。

第8章 退職へ

責任を自覚し退職を決めた

1971年3月10日、「春の号」は穴をあけずに完成させたが、僕はさすがに責任を感じないわけにはいかなかった。月刊「フォークリポート」を1年半やってきて、新しい編集部での季刊刊行という新しい方向を打ち出した矢先の押収事件でもあった。

秦政明は「バカなことをしおって」と内心は思っているかもしれなかったが、表向きは闘う気持ちで高揚している様子もうかがえ、決して我々を非難することはなかった。

一方社内の空気はかなり厳しかった。押収された雑誌の在庫も少なくなかったし、2年かけて組織してきたURCチェーン店網が破られ、一番熱心な読者である定期購読者の家庭に警察が踏み込んだのだ。印刷所社長も調書をとられていた。当然ながら発行人や編集人にしても、弁護士費用や、裁判になれば訴訟費用が必要になる。逮捕されることはまずないが、敗訴すれば罰金を科せられるのだ。

アート音楽出版・大阪でいえば、武本比登志、睦子は既に辞めていたし、小斉喜弘（加川良）はプロミュージシャンとして活躍していて、僕が退いても迷惑をかけるメンバーはいなかった。

71年4月になって来阪した樋口浩と早川義夫に「春の号」をきりに編集と会社も同時に辞めたいと話し、何とか了解を得た。それは早川とやった現編集チームの解散を意味したし、会社を辞めるということは、樋口が構想していた労音組4人から1人が抜けるのだ。

そして7日、僕は秦社長に辞表を出し、受け取ってもらえた。短い期間だったがお世話になった。いろいろ学んだし、多くの人と知り合えた。シンガーソングライターや読者たち、年下の彼らから体験したことのない新しいライフスタイルを目の当たりに見せてもらった。

大阪労音は、会員も役員も圧倒的に勤労者だったし、勤労者の感覚、価値観が占めていた。民主的組織という運動の中の職場とはいえ、事務局員もその価値観の外ではなかった。しかしこの「フォークリポート」の2年間に、どこにも属さない、ドロップアウトした、社会の周辺の、サブカルチャーの世界に生きる若い世代と出会えたことはカルチャーショックだと言えるだろう。ヒッピー感覚の洗礼とでも言えばいいのか。もちろんこの間の時代の急激な変化も無視できないとは思う。

スタイルの変化でいえば、先き先きを行く田川律の姿を追っかけていて目を見張ったものだ。大阪労音事務局を辞めて東京に出て「ニューミュージックマガジン」を創刊しようとするころ。中津川フォークジャンボリーの会場に現れたころ。演劇センターのオルグで大阪にやってきたころ。どんどん変貌していく姿は今でも眼に焼きついている。

中津川の会場での田川の写真がいまもネットで見れるが、ぼろぼろのGパンとTシャツ姿で、髪と髭はボウボウで黒いサングラス。スーツ姿の労音時代の面影はまったくなかった。

数年後の1974年夏、「プレイガイドジャーナル」主催の「アメリカ夏の陣」を実施したとき、スタッフに加わってもらって一緒に西海岸バークレーの街を闊歩したのはまさしくその姿だったし、一緒に歩いた僕もそれなりに変貌していたのだった。

次への始動

さて残りの期間にやることといえば、次の「夏の号」の編集を東京に移し、早急に新しい編集長・室謙二に引き継ぐことだった。

室は、当時「思想の科学」編集にもたずさわっていたと思うが、中尾ハジメらブレーン陣も厚くて、秦政明発行人の期待は大きかった。また武本比登志の友人柴村ムニが在東京で、編集・デザイン面に関われたのもラッキーだった。「夏の号」は71年7月1日無事刊行された。

この日には、期せずして僕も「プレイガイドジャーナル」創刊号を発行したのだった。

70年11月の演劇センター68／70黒テント公演終了後、集まっていた多くの実行委のメンバーは、「さあ次は何をやろう」と、活動の継続と目標への思いが引きも切らなかった。僕は、休刊していたスケジュールガイド誌「月刊プレイガイド」の後継誌を金一浩司とで立ち上げられないかという希望があって、アート音楽出版を辞めて、まずその可能性を確かめてみたかった。

フォークリポートわいせつ事件は一通り事情聴取が終わって、以降は動きは止まってしまった。その後72年12月30日になって小説を書いた中川五郎と雑誌を発行した秦政明の二人の起訴が決まり、僕は起訴猶予になった。わいせつかどうかは、被告と検察では意見がまったく正反対だった。これは裁判ではっきりさせるしかないのだが、2年近く放っておかれたのだ。これについては随時触れることにする。

月刊「プレイガイドジャーナル」
1971年7月創刊号

第2部

「プレイガイドジャーナル」創刊前後の3年間

1971年～1973年

第1章　創刊までと創刊号

1971年4月。またフリーになったが、それほど不安はなかった。2年前の69年5月に大阪労音を辞めたときよりも強くなったようだ。やりたいことは見えていたし、何とか生活との折り合いをつけながら、行けるところまで行ってみようという気持ちだった。

例によってまず職業安定所で失業保険支給の申請をした。いい気なもんである。しかし今度はこれが命綱なのだ。

次に取り組むべき企ては決まっていた。

3月中ごろに、早稲田小劇場の鈴木忠志が金一浩司を訪ねてきて僕も一緒に会った。大阪公演のプロデュースを引き受けてほしいというものだった。早稲田小劇場は、自由劇場や状況劇場と並んで小劇場・アングラ演劇の草創期の雄なのだ。『劇的なるものをめぐってII』の白石加代子の演技がずいぶん話題になっていたし、我々の手で公演できるのは願ったり叶ったりだった。

公演は5月だったが、演劇センター68／70黒テント興行を半年前に共に経験したばかりの福岡風太も「春一番」コンサートを開催するという。5月2日3日、天王寺公園野外音楽堂だった。早稲田小劇場は11日から21日までと決まった。大阪労演例会にも一部を組み込み、また京都公演も加わって長期公演になった（大阪は毎日国際サロン）*。

「月刊プレイガイド」前発行メンバーと話しあい

さて、70年11月号で休刊して半年以上が経過していた「月刊プレイガイド」だったが、続いて出そうと誰かが手を挙げたという話は聞こえてこなかった。誰もやらないのだったら我々が引き継いで立ち上げようと、金一浩司と話しあいを続けていた。

新聞やマスコミに載らない情報を集めて必要とする人びとの役に立てる雑誌は、やはりあるべきではないか。そういったマイナー、ミニコミ、サブカルチャー、アングラなどと呼ばれる情報を集め、それらの表現をたばねて既成の文化に対抗するのも意味があるのではないか。同時にその雑誌を定期刊行する場が、我々の継続する活動の場になればいいという考えだった。

二人でまず発行元だった芸術月報社の藤村洋一と会って、「月刊プレイガイド」の休刊までの実態と取り巻く状況を聞いた。

B6判の質素な装幀の雑誌だったが、情報もよく集めていたし、興味ある特集や読み物も毎号組まれていた。それにもまして僕は、阿部幸夫の挿画やレタリング、みよしごろう（三次五郎）の短い文章に魅せられていた。

阿部幸夫は70年6月死去し、その2年後、藤村らの手で『阿部幸夫作品集―表現者もしくは哲学的ファシスト』が編まれて芸術月報社から発行されている。A4判240ページ箱入り限定500部で、「月刊プレイガイド」発行人でアートディレクターだった阿部の最後の5年間の絵と文が余すことなく集められている。みよしごろうは、「月刊プレイガイド」を離れてから朝日

*毎日国際サロン〈堂島・現ホテルエルセラーン大阪〉

新聞記者になった清水建宇《たてお》の編集部時代のペンネーム。彼はさらに「論座」編集長もやり、一時「ニュースステーション」のコメンテーターでもあった。

彼らがこの雑誌にかかわったのは学生時代の数か月だったかもしれないが、読者にとっては紙面上の表現がストップモーションのように特別な印象として固定されている。後年、僕も時にそう見られてとまどうのだが……。

しかし、「月刊プレイガイド」も例外ではなく、雑誌は定期刊行されるメディアということで外からは過大評価されやすいが、内実はたいてい厳しいものだ。ふくらんでいく業務量にともなってスタッフの過労も限界を超えただろう。号を重ねて売れ行きは好調だったそうだが、定価50円から出発した売上金では印刷費を払うのもたいへんなことなのだ。

我々の考えでは、「月刊プレイガイド」そのものを引き継ぐというのではなく、新雑誌を立ち上げて、できれば情報源や取材ノウハウを提供してもらえないかということだった。

幸い提案に賛同を得られて話しあいを継続し、直販店や広告先も紹介してもらえそうだった。また書店販売には欠かせない取次店は日本地図共販と柳原書店の取引があったとのことで、その契約も可能性が出てきた。店頭に置くB６判の雑誌が10冊ほど入るカゴが３００個ほど残っていたのでそれももらうことにして、販売店用に重宝した。そのころは書店店頭でカゴに並ぶのは「リーダーズダイジェスト」ぐらいだった。

我々としては新雑誌創刊後、彼らの負った残債の返済に協力することや、「月刊プレイガイド」の定期購読者に休刊以降の残った号数分を無償で新雑誌を提供することなどを取り決めた。

編集部や発行主体

新雑誌の発行主体をどうするか、資金計画、編集スタッフの組織など、全般の検討を開始した。退職してフリーになったのを待ちかまえたように、いろんな企てが一挙に動き出した。

もちろん僕は専従の編集発行人になって責任は負うつもりだった。ほんのミニコミだが同人雑誌や趣味の雑誌ではない。「月刊プレイガイド」にしても「フォークリポート」も同様で、あくまでも定期刊行物、商業誌なのだ。一般書店で広く販売し、広告と誌代で成り立たせる雑誌だ。当初の目標は、印刷代と諸経費が払える雑誌になること。その可能性はあるだろうと思っていた。確たる根拠もなかったが。

さらにいえば、雑誌刊行の重要性ははっきりとわかるが、当初専従が僕一人としてもその人件費が出るまでの雑誌になるのか。しかし個人的な生活はまず考えないようにしよう。半年間は失業保険があるし、雑誌と並行して稼ぐ方法がないわけでもない。やってみれば何とかなるだろうというぐらいのいい加減さだった。信頼できる友人はまわりに大勢いたし、同じように活動する人たちをいくらでも知っていた。何よりも協働する金一の存在が心強かった。

さて、編集部だが、できるだけ多くの人たちが参加・活動できる組織にしたかった。雑誌作りというのは楽しさのいっぱい集まった広場だし、そんな旗を掲げるだけで理解してもらえる時代だった。この雑誌に関わってみよう、何かやってみようというメンバーは続々と名乗りを上げてくれた。前年の演劇センター68／70の実行委員会があり、この時点では早稲田小劇場大阪公演に取り組んでいた。「春一番」コンサートのスタッフや大阪労音事務局の元同僚たちにも声をかけた。

当初の運転資金のための出資の呼びかけには、金一浩司をはじめ、樋口浩や元大阪労音事務局部長でオリジナルコンフィデンス関西を率いていた中野実が応じてくれた。また事務局次長だった薬師寺春雄は金に困ったらいつでも言ってくるようにと励ましてくれた。アート音楽出版でフォークソング歌集などを印刷していたバラエティ印刷の平山正信は印刷を引き受けてくれた上、数号分の印刷代を免除してくれた。

さらに創刊以降にも、金一の友人の松田一二や溝端要、大阪労演事務局の大久保勝子が続いて出資に応じてくれた。

当面の資金計画や運営について、このころは金一、中野、平山、村元で話しあいを続けたが、厳しい数字だからとそれに見合った資金を集めるのではなく、広告、販売など、とにかくがんばって軌道に乗せようということで考えは一致した。専従者の活動にかかっていることもわかっていた。やるしかないのだ。しかし専従する村元に少しは生活費を補填しないといけないな、と配慮もいただいた。

71年5月2日、第1回「春一番」コンサートが開催された。前年の「BE-IN LOVE-ROCK」と同じ天王寺野外音楽堂だったが、プロデューサー福岡風太は黒テントを経て新たな思いで取り組んだのだろう。スタッフ全員が企画から本番当日まで関わって、拠点のアパートや会場に泊まり込み、企画、制作、情宣などさまざまな活動を目一杯やって、できる範囲で共同生活も試みる。

そんなライフスタイルになるようなコンサート。出演者も含めてそうだった。

5月10日には早稲田小劇場のメンバーが大阪入りし、リハーサルを経て翌日から公演が始まった。ここでも再び集まったかつての顔ぶれが11日間の公演を盛り上げた。

「プレイガイドジャーナル」と新事務所

早稲田小劇場公演中だった71年5月16日、新雑誌の事務所を決めて事務所開きをした。いよいよ動き出したのだ。

新事務所は谷町6丁目交差点近くの「谷六ビル」*、木造3階建ての最上階、物置になっていた部屋を借りた。6畳か8畳ほどの広さで、片付けて、掃除をして金一家から借りたカーペットを敷いたので、見違えるような居住性のある部屋になった。そのまま寝ころがれるので、徹夜にはもってこいだ。そこに参加の手を挙げたメンバーが集まってきた。

演劇センター68／70実行委員会からは、公演を担った大橋誠仁、谷口博昭、ひのもと多加三ら。同じく山口由美子、豊山愛子、田中久美子、近久広子ら女子グループ。大阪労演事務局を辞めた大久保勝子。武本比登志の紹介で大橋孝子。以上の直接携わる編集部が立ちあがった。

加えて創刊前後からは、大勢の人々が事務所に出入りして日々の作業を手伝ってくれたし、情報や原稿、広告、販売など多様な形で支えてくれた。以下に記す。

安藤利通、大槻鶴彦、中村進、三田順啓、山岸芳則、松田一二、溝端要（以上金一友人）、糸川燿史、福岡風太、山田修（以上演劇センター68／70実行委員会）、片山史郎（mics）、橋本敏幸（ジャズ

＊谷六ビル〈谷町6・現在は新ビルの一部〉

企画)。

藤三郎(大阪労演事務局)、佐藤義則(音楽評論家)、柴田純響(ターゲットプロ)、北村睦雄(サンケイ森英二郎(以上モリスフォーム)、田川律、木村聖哉、多田豊、金生節子(以上元大阪労音事務局)、加モビレッジ)、淀川さんぽ(漫画家)、川上通夫(川上デザイン)、吉田たろう(aデザイン)、森喜久雄、喫茶ジュニア)*、笠井やすみ(寺山修司公演)、角田良一(関西オートキャンピングクラブ・伊勢シーサイド

音楽舎・URCレコード、元大阪労音事務局メンバーの先発企業である綜合企画、フォルテ、オリジナルコンフィデンス、大阪コンサート協会、ツアーメイト大阪などは広告面で支えてくれたし、懇意にしていた音楽評論家たちは楽器・レコード店などを紹介してくれた。

また、オープンした事務所の一画を、東プロダクション(のちの幻燈社)のプロデューサー前田勝弘が新作映画『やさしいにっぽん人』(監督東陽一)の関西での上映拠点としてシェアしてくれたし、福岡風太も活動の拠点を移してきたりで、どんどんにぎやかになってきた。

5月21日早稲田小劇場の楽日。連日盛況だった公演が終わって、会場ロビーで劇団員と我々スタッフも勢揃いして笑っている写真が創刊号に載っている。これもまた糸川燿史の撮影だが、当時のステージ写真や関連する記念写真、集団での企てなど、今そのシーンを見ることができるのは、ほとんど糸川燿史の活動によるといえる。

ところで、新雑誌の誌名は「プレイガイドジャーナル」、発行社名は「プレイガイドジャーナル社」、創刊7月号は7月1日発行と決めた。そしてまず企画書と案内状の作成にとりかかった。

取材・編集開始

ここからがふんばりどころだった。まずは情報源になる会館、ホール、映画館、画廊、演芸常設館などに挨拶をかねてスケジュールをもらいに回ること。雑誌のカバーする地域は当面京阪神地区だ。それでも数百件になりそうだった。広告営業も、申し出てくれたり誰かに紹介されたところにはとにかく訪問し、確実な形にすることを心がけた。

特集や取材記事の候補はいくつもあった。一応創刊号は64ページを予定していて、スケジュールがどれだけ集められるかわからないので記事は多い方がよかった。

創刊号の特集には「早稲田小劇場」公演の記録をやることに決め、劇団が大阪を発つ日の朝、演出の鈴木忠志にインタビューした。関西公演は『劇的なるものをめぐってII』を中心に3演目をやってずいぶん強行軍だったのだ。

〔演劇は肉体があれば誰でもできるようなところがあるが、この演目は（舞台の）裏と表が一致しないとダメだし、音楽や照明や俳優の動きがきっかけにもなる。俳優は肉体への意識を鋭敏にして肉体、意識のギリギリのところで演劇をやりたい。厳しい修練があってはじめて出てくる。（略）従来の新劇だとセリフがわからないと大変だが、言葉よりもテンポ、音、光、絵になっているかどうか、そういった総体としての舞台言語を目指したい〕

などと、鈴木忠志はよくしゃべってくれたので、それらをまとめ、糸川燿史の舞台写真とで構成することにした。

＊喫茶ジュニア〈桜橋・現オープンドア〉

5月28日と29日に、この時点までで参加を決めたメンバーで最初の編集会議を開いた。

取材要領、原稿の形式と書き方、写植発注を経て版下貼込み（写植を1行の字数を決めて流して打ってもらい、自分たちで台紙に貼り込んで作成する）、校正とその直し、印刷出稿まで、1冊の雑誌にまとめ上げるまでの共通する作業工程と分担を確定する必要があった。

そして音楽、映画、演劇・演芸、美術の分野別に編集チームを決め、取材後に各チームでトップ記事を書いたり、おもしろい話題はスケジュール欄外に並べるなど、チームの独自性を出すようにした。巻頭には、特集と、見開き程度の取材記事を何本か組むという基本構成を決めた。

金銭上の取り決めも話しあった。動きはじめないと様子がわからなかったが、何しろ雑誌売り上げと広告収入が発生するまでは出資金を食いつぶしながらなので、対外的な経費、印刷費や家賃を優先し、編集部員の活動では交通費や取材経費は月締めで出すようにした。

まだ任意の組織なので、村元と金一が出資者代表で最終責任者ということで提案する側だった。当然この事業が行き詰まった場合、その責任も持つことになる。

編集に関わる拘束期間は毎月1週間程度だろうと考えられたが、その取り組み方はまったく自由だった。ボランティア、奉仕活動などというのは我々向きではなかった。学生だったり、他に定職を持っていたり、目指すものがあってそれになるまでのモラトリアムの期間だったり、またアルバイトをしながらでも雑誌編集がやりたかったり、演劇公演などイベント志向もいたりと関わり方は多様だった。私生活にはあまり深く立ち入らず、食うためには役に立たない職場だった。

いわば共同の場で共通の目標に携わる活動家でもあった。雑誌刊行が自分の目標と一致する間は編集部員になるが、別の目標に移れば辞めていった。編集部員である期間が短かった人もずいぶんいた。

大阪労演事務局を辞めて加わった大久保勝子は専従に意欲を示し、毎日出勤して演劇ページや管理業務を担当したが、僕もそうだが、失業保険金が切れた時点での生活の破綻をどう乗り切るかの道の選び方で、残念ながら彼女は去らざるを得なかったし、それを引き留める力は我々にはなかった。この問題は半年を経て僕個人にものしかかってきたのだった。

刊行まで1か月

さて、5月も終わり、刊行まで6月の1か月間で、一通り取材して全64ページの原稿を書き上げて印刷まで。さてできるのか。無知ほど強いものはない。実際には、印刷出稿日まで昼間は京阪神をほっつき回り、夜事務所へ帰ってきてほとんど泊まり込む毎日だった。

挨拶回りでは、幸い大阪は大阪労音や音楽舎の名前を挙げてどこも快く協力を得ることができた。音楽だけでなく演劇・演芸や映画、美術もそうだった。神戸も、それほど広い範囲ではなかったし念入りに回って協力を取り付けた。しかし京都文化圏はなかなか手強かった。少数の画廊や映画館、喫茶店（ライブハウスはまだ無い）以外は長期戦になった。

布施にアングラ映画の常設館「怨闇（おなん）」が5月にスタートしていた。「反映像グループ」が運営（代表原孝雄）して自主映画上映や映画作家に門戸を開いていたので、創刊号に載せるべく取材に訪れた。この館も4月に家主から打診があって1か月でオープンにこぎつけたという。その慌ただしさと、目指すことはどう軌道に乗せるかという、お互い同じ課題の困難さをかかえているだろうと確認しあった。ちなみに7月番組は「若松孝二」「ゴダール」「今野勉」作品の上映を予定していた。

6月5日には東京に向かった。

「フォークリポート夏の号」が編集の大詰めで、僕のやることはもう何もないのだけど、全国に広がった定期購読者一人一人に対してかなりきつい当局の「冬の号」押収と事情聴取が行われていたのだ。その様子が、読者への手紙とその返事という形で「夏の号」に組まれていた。編集作業に1日付き合い、編集を離れた早川義夫と会ってその後のことなどを話し、夜行バスで行って7日の夜行バスで帰ってきた。

この年の第3回全日本フォークジャンボリー（中津川）は71年8月7〜9日だった。3回目を迎え、出演者も音楽舎や関西フォークのくくりも外れてのフォークブーム到来の様相だった。参加者も数万人になるだろうという。

その上、前年に活動を始めたばかりの演劇センター68／71が、2台のトラックとともにジャンボリー会場に乗り込んで黒テントを立ち上げるというニュースも届いた。開催期間中、黒テントという「村」で村民を集めてイベントを繰り広げ、終了後は帰り道を一緒に移動して、夜毎の村祭りをやろうという計画だった。

コース選びや停泊先（村祭り会場）の交渉は佐藤信と金一浩司があたったが、中津川糀の湖畔から伊勢シーサイドモビレッジ（オートキャンプ場の先駆け・角田良一オーナー）、合歓の郷（ヤマハの音楽宿泊施設・当時はポピュラーソングコンテストの会場だった）、和歌山紀ノ川畔の停泊場所を結んでの移動ルートを、黒テントとともに村と村民が漂流するのだ。
題して「少年少女漂流記」。佐藤信の熱いメッセージが創刊号の巻頭を飾った。

夏に「お祭り」がやりたい――そう思った。遊びのための「夏祭り」「村祭り」。（略）よろしい――まず村を出現させてしまおう。現存するありとあらゆる形態の村とは、金輪際同化しない。もっとも非現実的にして。もっとも非妥協的な村を！（略）現実的な村が、限定された空間をもつとすれば、われらが村は、限定された時間のなかに存在する。すなわち、１９７１年8月7日（土）日の入りから、同年同月17日（火）日の出まで。それがわれらの村の「寿命」である。（略）われらが村は、ただ毎夜の「村祭り」のためだけに存在する。（略）遊ぼうよ！

編集部では版下制作やイラストなどで多芸ぶりを発揮していた山口由美子が、このイメージをイラストマップ化したが、以降彼女は本誌や「青春街図」でどれだけイラストマップを描くことになっただろうか。
僕は雑誌制作ともろに重なってしまって、中津川も行けなかったし、「漂流記」は合歓の郷の日に近鉄電車で往復するという味も素っ気もない関わりになった。

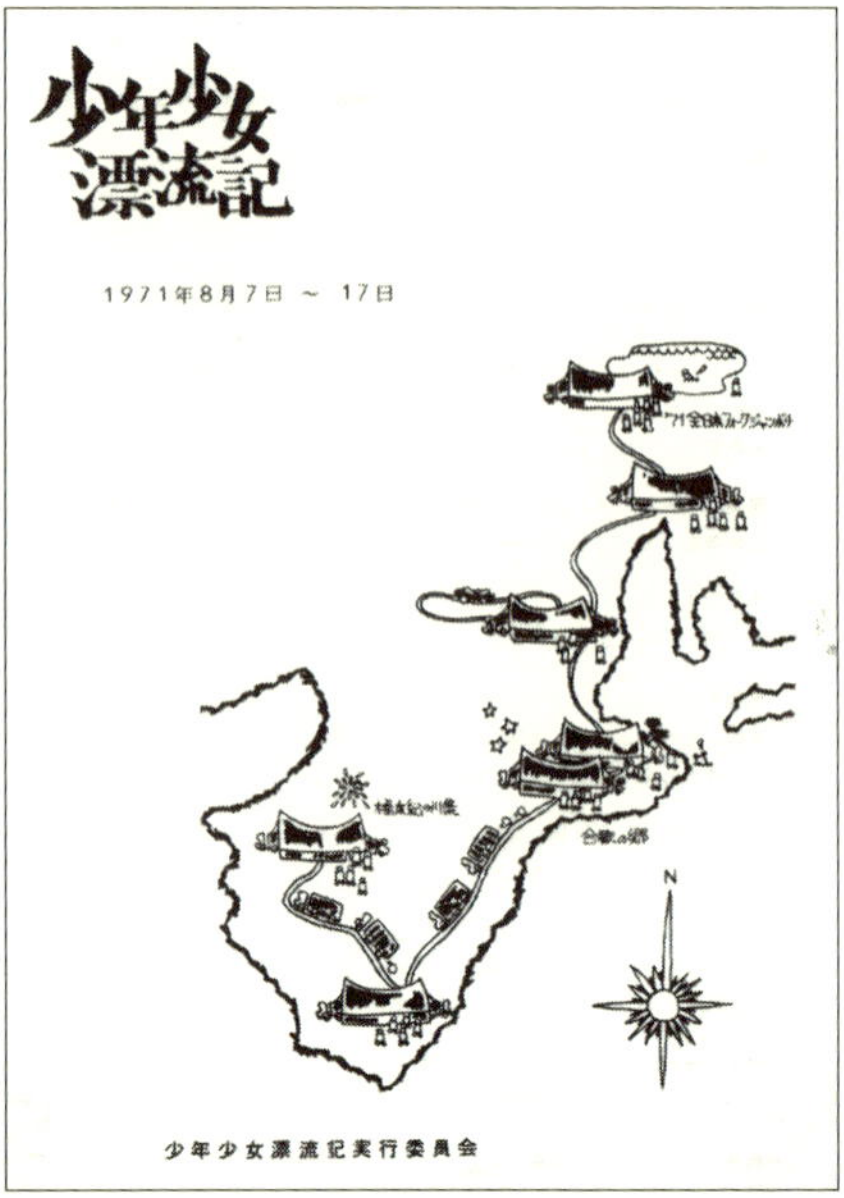

「少年少女漂流記」1971年8月7〜17日

さて、出稿日までどのような経過をたどったのか、もう思い出せそうもないが、原稿も集まり、20日過ぎてから集中的に写植を発注して、ページに数点の写真やイラストも揃い、どんどん紙面の空白が埋まっていった。

表紙は、「フォークリポート71年春の号」で作品を寄せてくれた漫画家淀川さんぽに依頼した。

エンジンがストップして海に墜落する寸前の飛行機、ベニヤ板で作ったような複葉プロペラ機と、それに乗って操縦する飛行士は必死にハンカチを振り、瓶にヘルプメモを入れて海に投げて助けを求めようとしている。間に合うのだろうか。そんな絵を描いてくれた。この飛行士は僕だろう、半年後の姿なのか?

さて、最後に編集後記を書く段階になった。

この雑誌は何なのだ。

商業雑誌である「フォークリポート」の編集にたずさわったとき、雇傭されて給料をもらいながら仕事として雑誌制作をやった。しかし時代と読者の昂揚を背景にか、影響されてか、僕は読者に寄り添いつつ、でもどうも刊行目的を逸脱してしまったとも言える。「プレイガイドジャーナル」創刊は一面その延長戦のようなものかもしれなかった。

もちろん商業雑誌だが、メジャー出版社や資金を豊富に持つ企業が営利目的で刊行するような雑誌ではない。我々にとってこんな雑誌が必要だという願望のようなものだ。我々の望む音楽や映画や演劇・演芸や美術にとって我々のやり方での広報活動が必要である。同時に、その雑誌の形をした誌面と物理的な制作空間とは共に我々の集まれる広場である。表現する側、その情報を受け取る側、そしてそれを媒介する側のすべてが拠点として利用できるような雑誌のイメージがあった。

それらを考えながら、片意地張った後記を書き進めていた。

さらにいえば、通常の意味では商業（営利）雑誌ではなかった。たずさわるメンバーはかなりな人数になるが、全員がこの雑誌で食えるわけはないのだ。しかしなんとかなるだろう。それぞれが自分の責任で食えばいい。僕自身も稼げる技術や仕事先がないわけではない。とにかくここは旗を高く掲げて、集まった人びとで、行けるところまで行こうと、書き綴った。

印刷出稿から完成へ

平山正信のやっていた「バラエティ印刷」は、小さなオフセット機だけの個人印刷会社だった。我々の出稿レベルは低かったが気持ちよくやってくれた。

22日版下を放り込んでよろしくとなって、25日には刷り上がった。ところが今度は製本所によろしくと出向かなくてはならなかった。3日かかりますということになり、その足で取次の日本地図共販を訪ねた。

関西支社長が心よく扱いを了承してくれていたのだ。大阪でいえば、例えば旭屋書店、紀伊國屋書店の両方に本を並べたい場合は、取次の日販とトーハン両社の契約が必要になる。しかし日本地図共販は地図という特殊な商品を扱うので旭屋と紀伊國屋の両方に納品できるのだ。つまり取次のシェア争いをまぬがれて大阪の書店はほとんど配本されることになった。その上、売上の精算も見込みで先に支払ってくれるという。ずいぶん助かった。京都の書店には取次の柳原書店が配本してくれたが、両社とも薄かった神戸方面はやむを得ず直での持ち込みが多くなった。

何日ぶりかにやっと家に帰って、さあこれから眠るぞと思った矢先に金一から電話があった。直販店をリストアップして配本体制を決めておかないとダメだとの叱責だ。

そうなのだ。情報誌なのだ、読者も主催者も1日からのスケジュール記事を待っているのだ。月末までに配本をしておかないとたいへんなことになる。情報誌失格だ。この時は本当に金一の電話が恨めしかったが、再度事務所に引き返したのだった。

「プレイガイドジャーナル」創刊号（B6判・64ページ・定価100円・3000部印刷）が完成した。書店には取次から配本された。

直販店は取材リストが即配本リストでもあった。持ち込んで掲載誌見本として、委託販売として、また次号の情報をよろしくということで、連日10数カ所を回った。当時は車の1台もなく、リュックに新本を詰めこんで京阪神をめぐるのだ。阪神間は駅を降りる毎に山を登り下りした。まず三宮や元町では周辺の書店などを回ってトアロードのソールインへ。ついで阪急六甲（神戸大生協など）、阪急夙川から甲陽園（蓄音館など）、阪急西宮から甲東園（関学生協など）。

しかし、ありがたいことに2号目の配本からは前号の売り上げをいただけるのだった。いや、そうとばかりも言えない。納品し、帰りはカラになるはずのリュックが返本でみるみるいっぱいになるのだ。へとへとに参ってしまって、帰る道々、目につく電話ボックスに返本を置いて歩くというていたらくだった。

対個人では会う人ごとに買ってもらったし、演劇公演のチケットの要領で5冊10冊を預けた。事務所にはいつも大勢が集まっていた。1冊100円、定期購読料は6か月が600円だったが、これも多くの人が申し込んでくれた。購読者名簿は月を追うごとに増えていった。この発送作業も全員で取りかかったが、封筒の宛名書きも手書きだったし、人海戦術がなかったら毎号不可能だっただろう。

一定の数ごと結束して郵便局に出すのだが、そのころは郵便番号制がスタートして数年のころだった。たまたま意固地な局員にあたったときがあって、郵便番号が記入されてないと受けつけないといわれ、郵便局の床一面に広げて地べたで記入させられたこともあった。

創刊時に第三種郵便を申請していたが、3号目で認可された。第三種は月刊誌のステータスでもあったし費用も節約できた。しかし、現在の民間企業によるメール便やDM便が普及する社会を目の当たりにすると、何と制約やムダの多い時代にやっていたことか。

初期の特集やシリーズ企画

初期の特集やシリーズもので非力な編集長を補完してくれた企画をいくつかあげておきたい。まず橋本敏幸による「地方ジャズの発見」シリーズがある。

彼は桜橋の駅前第1ビル地下2階にあった「ジャズ喫茶ジュニア」の店主で、この店は創刊以前から我々の街での活動の拠点のようにさせてもらっていた。

当時はジャズやフォーク、ロック、クラシック専門のレコードをいい音質で聴かせる喫茶店がいろいろあった。流れる音楽やスタッフへの親近感で自分の事務所のような気持ちだった。

音楽会や演劇公演のプロモートをやる場合、たいていは「街バリ」と称して真夜中にポスターを繁華街の街頭や壁面に貼りに回ったが、その時このジュニアを中継点にさせてもらった。一区画の街のような駅前第1ビルは夜中でも出入りできたのだ。

ちなみに情宣活動といえば、街バリの他にチラシ配りが中心でDMハガキは費用の点であまりやらなかった。公演のスタッフは当然チケットを責任枚数だけ預かって売ることになるが、その場合は友人知人スポットなどに預けて売ってもらう方法に頼った。捌ける枚数がその人の実力として評価されたので、がんばらないわけにはいかなかった。この方法を今でもやり続けているのが「春一番」コンサートだ。

橋本はジャズ喫茶の経験が長くて、全国のジャズ喫茶を訪ねてみたいという希望があって、71年9月号から毎月、九州から北海道まで回って6回の「地方ジャズの発見」シリーズを連載した。

道中で雑誌を売りながら経費を捻出するのだ。翌年、季刊「ジャズ批評」が「ジャズ日本列島」という全国ジャズ喫茶特集を組んだとき、彼は実績を買われて大阪のレポーターで登場することになった。

金一の友人で大阪労音で仕事の経験もあった安藤利通はフリーの舞台照明プランナー・オペレーターで、関西の劇団やバレエ団の公演で照明を幅広く引き受けていた。その上時間が自由になるので創刊前後から編集部に加わった。

誌面では、安藤は関西の劇団の事情にくわしく、それらの「系譜」を俯瞰と歴史で紹介するシリーズに取り組んだ。これは経験の乏しい編集部員にもおおいに役立った。また、照明オペレーターは未経験ながら僕は大阪労音で舞台監督を経験していて要領はわかっていたので、彼の照明チームの一員に加えてもらって貴重な仕事と収入が確保できたのはありがたかった。

大橋誠仁は、日本維新派（現維新派）の松本雄吉と同じ大阪教育大学で、また劇団の初期メンバーでもあった関係で、日本維新派の活動をオリジナル紙面で構成した企画をもちこんだ。劇団の亀山孝治、藤野勲、大村泰久らの手になる個性あふれるページだった。

川上通夫《みちお》のイラスト「餓鬼の妄想」シリーズも始まったが、彼は大阪労音の「新音楽」時代に知り合ったデザイナーグループの一員だった。

そして山口由美子。「劇団の系譜」も描き文字は彼女の手になるが、8月号特集の「京阪神古書店地図」、9月号からは新シリーズの「ぷがじゃまっぷ」に取り組み、彼女の地図モノは本誌の定番になった。

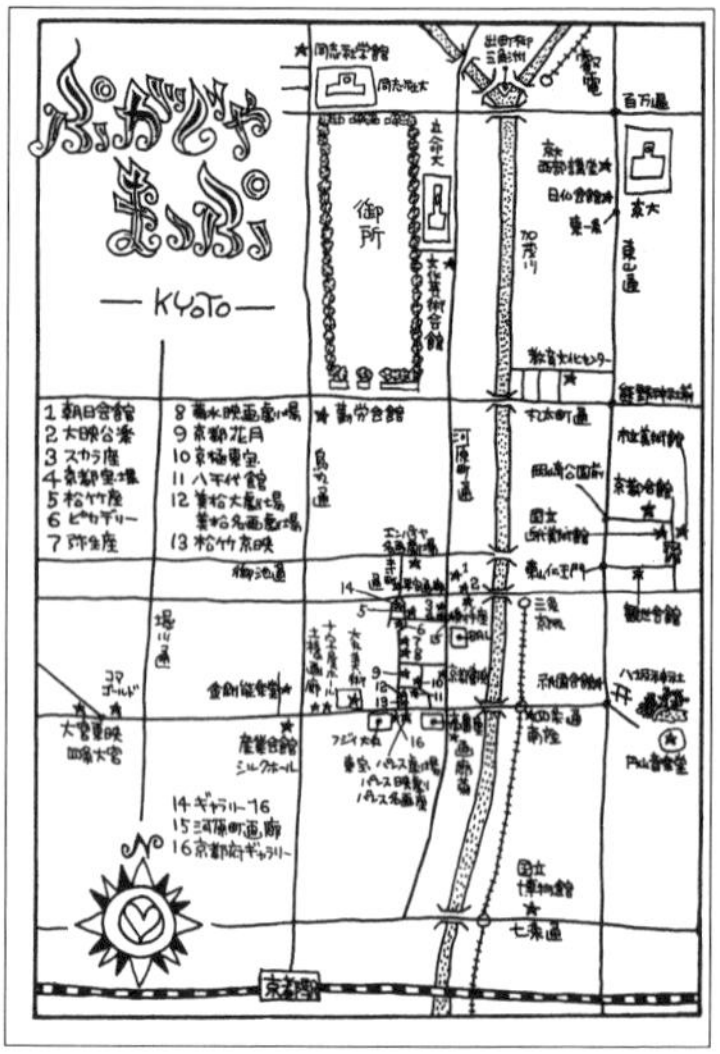

「プレイガイドジャーナル」
1971年10月号
「ぷがじゃまっぷKyoto」

創刊号で紹介した「怨闇」は、10月に「アンダーグランドフィルム」40数本と岡部道男作品など大規模な上映会を機に中断があったようだ。その上映会事務局をやっていたおぎのえんぞうが我々の編集スタッフに加わった。映画陣も強力になり、かつ彼は「映画を媒する人たち」シリーズを開始した。

連載の第1回は自主映画上映グループ「フィルムジャム」を取り上げた。このグループの中心は日下潤。彼はシルクスクリーン工房「絹屋」もやっていた。そして上映会場は「モリスフォーム」だった。

その日下潤が、12月に東京キッドブラザース公演『新八犬伝』を主催するから掲載を、と事務所を訪ねてきた。お互いの活動を話したりしていたら、彼はデザイナーが本業だという。そして本誌のデザインをやってもいいよと申し出てくれた。年明け、2月号からの紙面大刷新は彼の手になった。言うまでもなく彼は、現在わが国のブックデザイン第一線で活躍する日下潤一のことである。

モリスフォームは、森喜久雄が5年間のアメリカ滞在から帰ってきて開設したギャラリー&イベントスペースであり、同時にクリエイティブ事務所であり、ペーパーギャラリー「Jam &

Butter」を刊行する出版社でもあった。「プレイガイドジャーナル」9月号で美術担当の大橋孝子がすでに取り上げていたが、モリスフォームのスタッフ森英二郎が制作した「月光仮面」ポスターは読者プレゼントにもらって好評だった。

8月号の音楽のページで、この月の岡林信康コンサートを紹介するのに、僕は「岡林は前年はっぴいえんどをバックにフォークからロックへ変化したが、今度は都市から田舎や自然へと明確なイメージで変貌しようとしている」というような意味のことを書いた（我ながら稚拙な文なので原文は載せない）。

それを読んだ読者がフェスティバルホールで岡林を聴いて、〔「変革のイメージ」をみいだした者の歌ではなく、さらに深く表現のドロ沼にのめりこん〕で、〔彼の人生に対する強い誠実的姿勢のゆえに〕歌詞の文学性と音との矛盾が目立ち、岡林本人もやりきれなさを感じているのでは、と投稿してきたので、それを9月号で掲載した。

その後まもなくその読者が事務所にやってきた。林信夫の登場だ。せっかくだからと帰り道に配本を頼んでしまったが、快く引き受けてくれた。そして彼の編集スタッフへの参加は翌年3月号からだった。

10月号の特集は、ひのもと多加三が「秋祭りと夜店」を組んだ。伝統的な祭をフェスティバルやジャンボリーと同列において文化状況を見直そうというものだった。それに「夜店今と昔」という吉田留三郎（上方芸能評論家）の寄稿を実現させたのは大久保勝子だ。

11月号は大衆演劇の常設「芝居小屋」を特集した。上方小劇場の横井新に「浪花クラブ・ルポ」を書いてもらった。

このようにリストと地図が中心の特集を続け、まだ編集部でまとまった取材ができる余裕はなかった。とにかくイベントスケジュールを集めるのと版下制作で精一杯だったのだ。11月は加えて「大学祭」情報を集めたが、これは毎年の定番になった。

第2章　先の見えない手探りの日々

演劇センター68／71公演『鳴呼鼠小僧次郎吉』

演劇センター68／71は、昨70年秋に『翼を燃やす天使たちの舞踏』を成功裡に終えて、その後黒テントは「少年少女漂流記」で雄姿を見せたが、１９７１年秋に凱旋公演の企画が上がってきた。佐藤信作・演出の『鳴呼鼠小僧次郎吉』だ。我々は当初10月公演を予定して実行委員会を立ち上げ、難航するだろう会場さがしにとりかかった。

しかし、前回借りた公園が役所の忌憚にふれてか、さすがに今回は受けつけてもくれない。しかたなく民間私有地の空地を探して歩いた。

本誌9月号での公演予告の会場予定地には、梅新東映ヨコ空地、南森町西南空地、新御堂筋環状線下、谷9市場跡、道頓堀朝日座ヨコ空地、桜橋第1ビルヨコ空地などと苦しまぎれに候補地を併記した。いまそれらの場所を思い浮かべると、当時の高度経済成長下の都市の姿が浮かび上がってくるようでもある。都心部には高層ビルを建設するための空地がいろいろあったのだ。

しかし会場を結局決められずに公演は11月まで持ち越し、最終的に西中島南方駅西側の駐車場予定地に決まった。

この経験から、イベントスペースはどのようにあるべきか、従来のホール、会館から離れて、屋外、公園、河原、喫茶店、画廊、駐車場、倉庫など、あらゆる日常的な空間をイベントスペースに転換する想像力をもち、その情報を交換しあう必要があると考えた。また劇場・ホールはどうあるべきかという構造を考えることにもつながった。それを72年1月号の特集「新イベントスペース大阪編」として取り組むことにした。

演劇センター公演は大阪・京都の後、中国四国へと移動するので我々の主催した大阪は2日間のみで、900人の満員だった。

大阪府・市は公園を貸してくれなかったが、税務署は入場者数のカウントに（当時はまだ入場税があった）、消防署は消火器の設置指導に訪れた。

創刊半年で行きづまりか

演劇センター68／71公演はちょうど本誌12月号の取材と原稿作成の時期に重なった。そのうえ編集部は創刊時のパワーが空回りして、制作手順をまだ軌道に乗せそこねていた。各所で停滞していた。

9月号の編集後記に「いよいよ第3号、それともやっと3号、どちらの思いが強いか……」とある。創刊号は64ページでスタートしたのだが2号目から数号は60ページになった。どうしてもあと4ページ分の記事が埋まらないのだ。出稿日の前夜、ついにあきらめて、朝、印刷所に手間なだけの減ページを頼みこんだ。「4ページ分の自由」などとほざいていたが、このころは実際「やっと1号、やっと1号」という思いだった。

停滞していたのは制作だけではなかった。数か月の免除期間を経て印刷費を支払い始めるとみるみる手持ち資金は減っていって、プレイガイドジャーナル社の10月末の預金通帳残高が底をついてしまった。頭をかかえて、その後に出資を表明していたメンバーには送金を急ぐように依頼し、編集スタッフには定期購読者の獲得や毎月の雑誌代金を確実に回収することを申し合わせたり、とにかく広告獲得だと自らを奮い立たせた。

一方で、僕は失業保険が切れるまでに雑誌をやりながら生活できる形を作り出そうと努力していたが、その期限も年内いっぱいに迫っていた。

安藤利通はそれを見かねて舞台照明の仕事を増やそうとしてくれた。おりしも秋の芸術祭や大学祭シーズンで、照明の現場仕事は、望めばかなりとれるようだった。

雑誌制作、配本、演劇センター68／71公演などの合間を縫って安藤舞台照明チームに加わった。僕の持ち場はたいていがピンスポットだった。そのころはもうハロゲン球の投光器になっていたが、なかにはまだアークもあり、これはカーボン電極の両極を最初接触させて、間髪をおかずに離して稲光のようなアークを発生・持続させて明かりを作るのだが、なかなかスリリングな経験だった。かなり大きな機材で、それを抱えるようにして主役の動きをねらうのだ。

金一浩司は、大阪労音事務局を辞めてから携わっていたボウリング場を10月いっぱいでついに辞めることになった。「プレイガイドジャーナル」をやり、演劇センター68／71をやり、時々は舞台監督をやっていて、これ以上会社に迷惑をかけられないという状態だったのだろう。また舞台や音楽の仕事に復帰したいという気持ちも抑えがたいところまできていたようだ。いよいよ本格的に舞台監督の道を行くと決め、最初の大仕事が11月12日からの「第2回世界歌謡祭」（武道館）だった。前年の「第1回」は名前が上がりながらも実際はできなかったことで、今回は正面から取り組むことになった。

「世界歌謡祭」の舞台監督チームに参加

「世界歌謡祭」の本番は3日間、武道館という大きな会場でのイベントなので金一浩司をチーフに数人の舞台監督チームを組むことになるのだが、その一人に加わった。労音時代に経験したことが役立ったわけだ。

実際は打ち合わせやリハーサルなどで立ち上がりは早いのだが、僕は本誌12月号を出稿させてからの東京入りになった。

「第2回世界歌謡祭」は、上条恒彦と六文銭が「出発《たびだち》の歌」でグランプリを取ったことで知られている。武道館の中央に大きな舞台が作られ、各舞台監督が上下《かみしも》などいくつものポジションに分かれて付き、リハーサルから本番、予選・本選・グランプリ決定まで、長丁場だった。

海外38か国から参加した作曲者や出演者がほとんどなので、最初にリハーサルに入る前にスタッフを紹介するのも英語で、「ステージディレクター、ヒロシ・カネイチ」とアナウンスがあるとひときわ拍手が大きくなって、彼が右手を挙げて応えた勇姿は今でも目に焼きついている。やはりどこの国でも、パフォーマーが信頼し頼りにするのは舞台監督なのだとつくづく感じた。

かくも大勢の出演者を呑み込んで、武道館の広さを体感しながら走りまわって、かつてのビートルズ日本公演もかくやと思いを馳せながら、大過なく役割を果たした。

あわただしく帰阪してすぐに製本所で12月号の進行を見届け、完成後配本や発送、並行して既に決まっていたジョン・スパーリング作のミュージカル『マクルーンのゲバラ』（演出・関矢幸雄）公演の舞台照明の仕事で連日中之島中央公会堂に詰め、多忙だった11月は終わった。

その12月号には、11月公演『鳴呼鼠小僧次郎吉』の舞台写真を掲載した。出演した新井純や村松克己の印象的なシーンが並んだ。糸川燿史がぎりぎり間に合わせてくれたのだ。

FTA（フリーシアター・アソシエーション）の速報ページも作った。ジェーン・フォンダ、レン・チャンドラー、ドナルド・サザーランドによる「平和への旅」だ。12月に来日して2週間各地で反戦ショーや集会が開かれるのだが、田川律が全行程をケアしていた。また京都は同志社学館ホールで中川五郎、豊田勇造が共演するのだ。ベトナム戦争が激化するなか、まさに時代を象徴するようなイベント（FTA＝ふっとばせアーミー）といえた。

特集は「関西のミニコミ出版　埋もれた表現の記録　その1　文芸同人誌」。

この数年、「フォークリポート」時代からミニコミの隆盛を可能な限り紙面を割いて紹介してきたが、「朝日ジャーナル」ミニコミ71特集号をはじめ各紙誌の動きも目が離せなかった。ただ、大々的に情報を集める余裕がまだなかったので、第1回は比較的定番が揃っている「文芸同人誌」になった。

12月、大阪労音時代から親しくしてもらっていた音楽評論家・佐藤義則が入院し病院に見舞った。雑誌を創刊するということでずいぶん応援してくれた。三木楽器心斎橋店など楽器レコード店、行きつけの飲食店などいくつも紹介してくれた。みんな広告につながった。

ある日大阪ドイツ文化センター（ゲーテ・インスティトゥート）のエルマー・ブラント館長に紹介された。佐藤はドイツ音楽に造詣が深く、センターでコンサートの企画をしたり日常的な付き合いがあったようだ。それが機縁となって僕は佐藤義則亡きあともブラント館長にはときどき声をかけられるようになり、植田陽子秘書の助けもあって75年から「ドイツ映画祭」を共同で開催することになるのだった。ドイツ映画はヘルツォークやベンダース、ファスビンダーが登場してきて活況を呈していたのだが、その様子はまた触れたい。

同様に大阪在住の音楽評論家松本勝男、広瀬勝、また在阪新聞社の阿部好一、松枝忠信記者にも雑誌刊行でアドバイスをもらった。

ところで、幸いなことに舞台照明の仕事は、11月も12月も雑誌の合間を縫って10日以上続いた。何ともはや、絶望と希望の連続して交錯した秋だった。

編集・制作の立て直しへ

12月になって、新年号を進めながら思いは2月号からの編集・制作の立て直しに向いていた。

取材、原稿作成は人海戦術なのだが、当時は訪問、往復ハガキ、電話取材などしか手段はなく、ギリギリになって書き上げた原稿を写植にまわしていた。打ち上がりを待ってページ単位の台紙に貼り込むのだが、版下作成の経験があるのは僕と力をつけてきた山口由美子ぐらいなもので、時間に追われまくっていた。貼り上がるとできたページから校正を進めるのだ。

校正も1回見る程度で、校正写植も1度だけしか出してもらう余裕がなく、それ以降の間違っていたり欠けた文字を見つけると前号の文字を切り抜いて上から貼った。なにしろ当時のコピー機は透写湿式だし、ファックスのない時代なのだ。この段階の作業になると4、5日は事務所に泊まり込み徹夜になった。

出稿日は、朝一番で最後の訂正写植を打ってもらうべく写植屋に出向き、打ち上がるまでが至福の仮眠時間で、上がるとその訂正を貼り込んで待ちかまえていた印刷所担当者に持ってかえってもらい、そのままぶっ倒れたように眠るのだった。

創刊7月号から新年号までの表紙デザインはあってないようなものだった。誌名ロゴはタテヨコで3回も変わって定着しなかった。こういう状態は7号やってもまったく進歩しなかった。日下潤（日下潤一）の登場は希望の星だった。

本来なら雑誌の創刊にはまずデザイナーを決めるのが当然なのだ。思えば、大阪労音機関誌

「新音楽」は洞顕治、「フォークリポート」は武本比登志、「月刊プレイガイド」は阿部幸夫といずれも雑誌の個性を表現するデザイナーはいたのだ。もちろん軽視していたわけではないが、「表紙デザイナー」は当初計画からずっと不在のままだった。しかし、いなければ表紙は「季刊フォークリポート」のシンプルなやり方でいこう、本文の組み・版下は編集者がやるべきだろうと考えていた。

東京キッドブラザース公演を終えた日下潤一とひんぱんに会って、雑誌のあるべき姿を話しあい、雑誌にはアートディレクションが重要だということで一致した。その分野で彼が最大限に力を振るえるようにして、いい雑誌を作りたかった。

しかし他の編集スタッフと同じく無報酬だということも話さないわけにはいかなかった。当時の活動する人びとの間ではこの点はわかり合える基盤はあったと思う。音楽や演劇・演芸、映画を創作する側もイベントを主催する側も、またスペースを開設しようと、雑誌を発行しようと、自分がやりたいことであるなら、まず自分の持てる力を出し、お互いで取り組むことであるなら、連係プレーでやって、その結果を出せるように努力し、その過程を楽しめればいいという考えだっただろう。それだけ生きることに余裕があったと思う。もちろん失敗することは多かったけれど、たまには成功もするものだ。

実際には、表紙を任せ、本文では彼の手を加える時間的余裕がないこともあって基本的なフォーマットを少しずつ作っていくやりかたで、年明けからとりかかることにした。

新年号が完成し配本も年内で終えたころ、自由劇場の斎藤憐《れん》が来阪。氏や井出情児が制作した映画『在韓被爆者無告の26年―倭奴へ』（企画・竹中労）の試写を見せられ、また同時期にNDU布川徹郎の映画『69〜70沖縄ドキュメントーモトシンカカラヌー』も見ることができ、大阪での上映に協力することにした。

さて、創刊して半年が過ぎたが、大阪労音で経験した組織を2分するような党派との闘いや、アート音楽出版時代の政治主義的批判や権力のなりふりかまわない圧力の中で過ごした僕には、この点にかぎればまことにおだやかな半年だった。

1970年という政治的な節目が過ぎたからか、わが「プレイガイドジャーナル」がまだあまりにも影響力のない小さな媒体だからか。僕にとっても、たぶん関わったスタッフにしても、先の見通せる雑誌とは思えなかったが、読者の反応は好意的だった。しかし内部では、「政治的運動的なスケジュールも載せるべきだ」という意見が出たことがあった。僕は、特集や雑記事は別にしてスケジュールは音楽、演劇・演芸、映画、美術の範囲に限りたいと主張した。それは当時の気分だった（のちには講座・運動などもカバーしたが）。

こうして1971年は終わった。「プレイガイドジャーナル」の旗の下に、フリーランスになり、少しの手にした技術で稼ぎながら、わが道を行こうと選んだのだった。

何がこのような昂揚を生み出したのだろうか。時代がそのような可能性を見せていたのかもしれない。挑戦して、失敗すればやり直せばいいと。挑戦すべき課題はいくらでもあった。まわりにはそういった人びとが少なからずいた。最大の心の支えは多くの信頼できる友人たちだった。共に考え、話しあい、行動し、困難なときは助け合い、また一緒に遊べる、そんな友人たちがこの1、2年どんどん増えていたのだ。

家に帰れば、28歳にして生まれたばかりの子どもの成長を見守る生活もあった。このことも一つの希望だった。

第3章　最初のコンサートとプレイガイド企画

1972年1月3日、音楽舎はフェスティバルホールで、昼が五つの赤い風船、夜が加川良・吉田拓郎・三上寛のコンサートをやっていて、皆さんに新年の挨拶をしに出かけた。前日の徹夜麻雀明けなのでしゃきっとはしなかったが。麻雀メンバーは金一浩司と彼の追手門高校時代の恩師中川貴ほかだった。

中川貴は1971年に引率した高校の修学旅行の詳しい記録を残していて、なんと2015年になってその原稿を金一がプロデュースし、ビレッジプレスで出版することになったのだ。この『第21期生修学旅行の記録』は、当時騒がしかった学園で中止になりそうだった修学旅行を、自主的に取り組んで実現させた生徒や教師が感動的に描かれている。73年に「プレイガイドジャーナル」の編集スタッフになった玉野井徹がこの修学旅行に行った生徒のひとりだったとは。彼にそんな武勇伝があると知ったのはこの本でだった。

4日には安藤利通との舞台照明の仕事がはじまった。興行の世界は正月がかき入れ時なのだ。

新しいデザインの2月号

さて、2月号の特集は「新イベントスペース2」として公園と取り組んだ。表現の場としてなぜ公園を自由に使えないいんだ？　というところから始めた。70年、71年の黒テント興行での経験を思いながら。

同じく2月号から奈良に住む読者・大谷裕康がスタッフに加わった。彼は京阪神の情報しか載らないのがおかしいと、自分で奈良のページを作ってしまった。おもしろい試みだったし、広がればいいと、和歌山や姫路、大津なども声を上げてほしいと読者に呼びかけた。

1月22日出稿。29日完成。日下潤一アートディレクションで本誌は一新した。誌名ロゴは信じられないほど良い出来だった。

彼は誌名の字数が多いと言った。なるほど「プレイガイドジャーナル」と11文字だ。しかし「ニューミュージックマガジン」の13文字よりは少ない、と弁解したのだが。たしかに横一列に並べると1文字が小さくなってしまう。

しかしできあがったデザインは太いゴシック文字がスミベタの中に白抜きでシャープに浮かぶ。もう1色は黄色で三上寛の写真に重ねてあった。2色刷りの表紙は以降僕の作る雑誌や書籍の基本になった。「雲遊天下」しかり、「ぐるり」しかり。

そしてシリーズや特集のタイトルのメリハリがしっかりついた。タイトルの付け方など彼からのアドバイスも大きかった。本文レイアウトは山口由美子も加わって一応体制は整い、空きスペースには日下の独特のイラストが挿入されたりした。B6判64ページ建てはそれほど大きなスペースではない。イベントスケジュールを整備し、いかにわかりやすく読めるかを優先させるべきなのだ。

2月号の配本を終えたころ、林信夫が来所。次号から参加することを話しあった。おぎのえんぞうの加入に続いて強力なスタッフだ。

誰の場合でも来歴はいちいち尋ねなかったので今でも知らないことばかりだが、林は同志社大では音楽の活動が長かったようで、編集担当も音楽を希望した。しかし演劇担当だった大橋誠仁が（多分卒業時期だったかで）離れていたし、音楽はスタッフ層が厚かったので演劇担当をと無理を言い、彼もやってみようということになった。

以降、彼は演劇や演芸の分野で紙面の枠に留まらないプロデューサーとして活躍をするようになったし、プレイガイドジャーナル社の牽引者として、１９８４年に破綻するまで共に行動したのだった。もちろん、その後も現在に至るまでつき合いは続いている。

「春に追われし中之島」

創刊してやっと半年が経過したところだったが、やっぱり興行・コンサートもやろうと思った。演劇センター68／71を主催したときから本誌が一定の動員・集客を可能にする力をつけてきていたし、編集スタッフ全員で取りかかれる事業として興行は一番ふさわしいものだった。大阪労音での経験や「フォークリポート」でつき合ったミュージシャンも少なからずいた。

ところがこのころになって大阪在住のミュージシャンが次々に東京に居を移していると聞いたので、音楽舎に話に行ったら、その通りで、だったら大阪でコンサートをやる意味はあった。しかしフェスティバルホールやサンケイ、毎日ホール*の規模はまだまだ我々も力不足だから、小規模なコンサートをやって彼らとのつながりを続けようと考えた。

そして第1回として「春に追われし中之島―高田渡・加川良・友部正人・三上寛」を計画して、72年3月の中之島中央公会堂を1日おさえたのだった。別に「春一番」を意識したタイトルではなかったと思う。

出演者は心よくOKしてくれた。これがプレイガイドジャーナル時代の14年間、切れ目なくコンサートやライブをすることになる始まりだった。

もっとも、当時フォークコンサートはほとんど毎日のようにどこかで、様々な出演者で開催されていた。前年「春一番」をやった福岡風太も動き出していた。はっぴいえんどなどが東京で事務所「風都市」を作って活動していたが、その拡充の一環で大阪事務所を福岡風太が担うことになり、72年の「春一番」は風都市大阪が主催することになった。さらに活動を広げ、月一開催の「六番町コンサート」を3月から高島屋ホールで立ち上げたのだ。

1回目の出演者は、ディランII、ごまのはえ、ダッチャとハッシュ。同時に風都市大阪は喫茶店での生演奏を何本も組んで5月の「春一番」を目ざして走り始めた。エスエスはもうなくなっていたが、ジュニア、ディラン、アッピーハウス、ソウルイン、スタディルーム、東風……。

我々も負けてはいられない。3月号の特集に高田渡、加川良、友部正人、三上寛を取り上げた。

自分たちのイベントを自分たちの雑誌で特集するという手があったのだ。「それは広告だろう！」と言われたこともあったが、このやり方はその後自催イベントをやるときの定番になったし、逆に特集を組んでからその企画でイベントをやったりもした。雑誌は目的だが道具でもあるという意識は最初からあった。読者とは多様なつながり方があるはずなのだ。

「春に追われし中之島―高田渡・加川良・友部正人・三上寛」は成功裡に終わった。

もう一つ読者の反響の大きかったものに読者プレゼントがあった。コンサートや演劇の主催者も広告は無理だが5枚10枚の招待券だったら気前よく出してくれた。またポスターをもらえる場合もあった。それらに読者の応募は多かったし、当選者には事務所まで取りに来てもらって手渡したが、顔を合わせることで得られる親近感を、お互いに持つことができたのではないだろうか。

ミニコミ特集2

72年3月号からのシリーズでは、山口由美子が満を持して「界隈漫歩」をスタートさせた。第1回は彼女がかつて学び遊んだ同志社界隈、次いで上六界隈、阪急六甲界隈……など、興味のおもむくまま各駅停車のイラストマップだ。

日下潤一が3月、自身の発行する「THE MAGAZINE」を創刊した（奥付の表記は、編集上田賢太郎、発行西山賢一）。彼はそれまでに「PAF!」と「フィルムジャム」を出していたので3点目だ。同時期に森喜久雄率いるモリスフォームが「THIS IS A PEN」を創刊した。彼らもすでに「JAM & BUTTER」と「VILLAGE FIVE」を出していたので、3点目になった。

＊毎日ホール〈堂島・現ホテルエルセラーン大阪〉

また福岡風太や喫茶ディランもコンサートのたびに冊子を発行していた。ガリ版刷りで1970年に「BE-IN LOVE-ROCK」、1971年には「NEW MORNING」が9号続いた。これらについては「別冊雲遊天下①」(2010年)に詳しい。*

我々の大阪にはこのように豊穣な雑誌文化が息づいていたのだ。何かやるときには、原稿やイラスト、写真を持ち寄り、ガリを切ったりの労をいとわずミニコミ雑誌・リトルプレスを発行した。「プレイガイドジャーナル」もこれらの文化風土の中で創刊したとも言えた。

4月号では、そういった動きをまとめようと、「ミニコミ特集第2編 文化芸術誌」を組んだ。特集で当時出ていた雑誌を紹介したが、発行者の顔を思い浮かべることのできるのを次に上げてみよう。

橋本和義「フリータウン」、片桐ユズル「かわら版」、村上知彦「月光仮面」、奥野卓司「ジ・アザー」、ひのもと多加三「音を出そうやないか」、小島素治「サブ」、藤井サトル「しゃぼん玉」、宮里ひろし「わりばし」、小西重夫「どんこう」、岩田健三郎「HUNT IN」、団士郎「ぽむ」、岩田直二「演劇通信」……。

「プレイガイド企画」

残念ながら大久保勝子は71年12月に辞めざるを得なかったが、失業保険の支給が終わった僕の生活費補填には、舞台監督や舞台照明などの仕事を友人たちがある程度手当てしてくれた。一方、編集スタッフのなかには、プレイガイドジャーナル社で雑誌刊行を自身の生き方として選ぶ者もいたし、大学卒業後にこの道に入ろうとする者もいた。彼らにも何とか仕事を作りだそうという動きが生まれてきた。

当時フリーランスで活動する連中が、手っとり早く稼げる仕事としてよく知られていたのは、ある内装会社の作業員で、デパートの週替わりのディスプレイ改装や新築建物の床タイル貼りなどを徹夜でやる仕事だった。変わり種では、中央市場で夜中に寿司用の酢飯を作る仕事をやっている者もいた。これは本誌のスタッフの一人なのだが、そして昼間雑誌の取材や編集をやるのだった。そういった生活の問題を効率のいい方法で解決できるように組織的に取り組むシステムを作れないかと考えた。

68年から69年大阪労音時代に経験した組織の再建案は、専従者が組織の周辺で新規事業を開拓し軌道に乗せて、本体の音楽鑑賞部門での人件費負担を下げようとする計画だった。これに関してはくわしく第3部で触れる。その試行錯誤を重ねた経験がここに来て役立つことになった。

雑誌にかかる人件費を相対的に下げるというか、実際雑誌では食えないのだ。それを見極めた上で、組織、集団のあり方を考えればいいのだ。全員が関わる雑誌「プレイガイドジャーナル」を中心にして、その周辺で様々な事業を生みだし、個人が望む種々の仕事を総合的に開発し、メンバーが自由にそれに携わる、そんな構想で「プレイガイド企画」は立ち上がった。舞台関連のスタッフセンター構想もその一つだ。

3月号で「プレイガイド企画」の営業案内を告知した。

〔編集部員の生活安定のため、照明・舞台監督など舞台スタッフの仕事、コンサート・映画など

＊喫茶ディラン〈難波元町・現サンキャドマス〉

催し物の制作請け負い、宣伝・編集・デザインなどの仕事を求む。」

はっきり「ジャーナル」と「企画」の両建てで我々は進むのだと宣言したのだった。

「プレイガイド企画」での仕事のやり方を討議したこともあった。それによると、ここで発生した舞台スタッフや編集・記事・デザインの仕事に関しては、スタッフは自由に選択し個人的に契約して従事でき、そのギャラも個人的に受け取りジャーナル社は関与しない。ただ終了後申告して10%を納める、というルールなどが検討された。

松田一二と会う

72年2月21日、3月号を出稿してから松田一二と会った。彼も金一の高校時代の友人で、広告代理店時代に大阪労音機関誌「新音楽」でアドバイスをもらったりしていたが、その後金一と同様にボウリング場に関わっていた。話は、やはり彼もそろそろ次の道を考えようということだった。

僕は、雑誌をやりながらその存続と生活の両立のために、主として資金的な手当としては、雑誌の売上増と広告を本線として、加えて個人的な仕事を見つけて稼ごうと考えるだけで、要するに金儲けが苦手だったし、その短所は自分なりに自覚していた。

松田の考え方には、広告代理店時代の経験で広告や営利事業の拡大などがまずあるようだった。その面で彼が我々の組織に加わるとなればこれに勝るものはなかった。そういった話しあいを続けた。彼は雑誌をやることが目的ではなかったと思う。この組織に関わることで、もちろん一家の柱としての責任もあったし、自身の将来の展望や、起業の形も考えていたのだろう。

「やるとしたらまず穴蔵のような、泊まり込んで寝転がってしまう事務所をどうにかしたい」と松田は言った。

「営業的にクライアントが来所できる場所であるべきだ。仕事なのか遊びなのか、組織の一員なのか周辺のスタッフなのか、遊びに来ているのか。自由気ままな組織は、遊びにはいいが、メンバーは連携して仕事ができるようにしたい。遊んでもいいが、常に〈まず稼ぐ〉という意識をもたなければダメだ」など、耳の痛い、まっとうな意見を何度も聞かされた。

そうは言ってもいざ遊びとなれば、彼もみんなにひけをとらない、乗りに乗るタイプではあったが。その月にはタイミングよく（?）スタッフ募集をやったため、翌月からさらにスタッフ＝遊び仲間が増えることになったのをどう思っただろう。

新事務所探し

1972年4月は一つの区切りになった。松田一二が参加することを決め、併せて新事務所に移転することも進めた。うまいぐあいに見つかった場所は北区の読売新聞社と報知新聞社と公園がある一画の、片隅に建つ小さなビルの4階最上階だった。

この「野崎町ビル」*は1階が喫茶店、2階が雀荘で、入口は24時間開けっ放しの階段だけという、まさに我々にふさわしかった。松田は出資にも応じてそれは新しいビルの敷金になった。

松田はコピーライターやプランナーをやっていたので、新しい企画を話しあっているとき、ア

*野崎町ビル〈野崎町・現存〉

イディアを出しあいながら、目の前で1枚の白い紙のメモ書きがみるみる具体的な絵（構想）になっていくのに目を見張ったものだ。

松田がさっそく動いた。「プレイガイドジャーナル」の名前で最初のラジオ番組が生まれたのだ。毎日放送「サウンド5」の番組の中で10分間だけだが、やらないかとMBS渡邊一雄プロデューサーから声をかけられた。松田が出かけていき、我々のもっている情報と、関連する企画を作るコーナーをまとめた。

MBSラジオと言えばフォークソングの広がりの中にあった「ヤングタウン」や、「チャチャヤング」では一時期加川良がレギュラー出演していたこともあった。この放送は毎週なのでずいぶん本誌の宣伝にもなった。

MBSラジオとの関係はその後も続き、のちには単行本『ヤングタウン』を松田のプロデュースで編集制作し、73年に我々がスタートさせることになる新会社有文社が発行元になった。このことはまた触れることにする。

第4章　新事務所に移る

1972年4月23日、5月号を出稿してから引っ越した。

谷六ビルは1年もいなかったが今でも思い出すと熱い想いが蘇る。少しの備品と1年分の溜まった在庫を運びだし、掃除をして、借りていたカーペットをクリーニングして金一家に返した。

新事務所にはスタッフや友人たちの差し入れ品も多かった。林信夫は自宅のステレオを運んできたし、ロッキングチェアは誰が持ち込んだのだろう。徹夜明けのうつらうつらには最高だった。

この春になってスタッフも事務所もずいぶん充実した。一方、天王寺野音では第2回「春一番」コンサートが開催されたが、プロデューサー福岡風太の好意で会場内に売店を開かせてもらった。この売店は現在まで毎回続き、雑誌類のバックナンバーを並べてまとまった売上げになっている。改めて感謝したい。困難な時期もあったが、お互いによくもこんなに長く続けられたものだ。

「春一番」の前日には、大橋誠仁が中心に取り組んだ劇団変身『塚めぐり木乃伊伝』のテント興行も同じ天王寺野音でやったので、3日連続で通うことになった。

ストリップ特集

しかし5月号の特集は「春一番」でも劇団変身でもなく、「ストリップショー」を組んだ。大阪のストリップショー専門誌「ヌードインテリジェンス」に毎号竹中労や小沢昭一、寺島珠雄が寄稿していた。この雑誌の編集発行人中谷陽をURCの「日本禁歌集」レコーディングのときに紹介されたことがあった。

ストリップ劇場はわいせつ罪の取り締まりが断続的に続き、そのつど踊り子や時には館主も逮捕されたりする、その業界の状況と、当時人気だった一条さゆりのテレビ「11PM」出演などの話題もあって、中谷や木川劇場を取材した。僕もフォークリポートわいせつ事件のただ中にいたこともあって他人事ではなかったのだ。

ところが、この号が出てまもなく一条さゆりが吉野ミュージックで出演中に逮捕されるという事件があった。テレビ出演などでいわば「市民権」を得ようとすることに対する警告だと言われた。

この春には金一浩司が次の大きなステージに取り組んでいた。以降2年間で100回も公演が続くことになるいずみたく作曲の大型ミュージカル『死神』の舞台監督だ。

金一らは準備やリハーサルに追われていたが、いよいよ5月25日初日が開いた。編集部からは大橋誠仁、山田修、安藤利通が加わった。

金一の舞台監督が軌道に乗り始めるこのころから組織内に舞台監督チームができつつあった。「プレイガイド企画」の構想では当然予想されたが、その場合、東京滞在と全国移動で長期間拘束になるので、雑誌の仕事ができなくなるのは仕方がなかった。

黒テント公演と特集企画に新風

6月5日、すっかりプレイガイドジャーナル社の名物イベントになった観のある演劇センター68／71黒テント公演が始まった。今回は作・山元清多、演出・佐藤信の『チャンバラ』。

公演場所探しは劇団変身のテント公演でうまくいった天王寺野音前ですんなり決まった。その前日、佐藤信を囲んでのトークをモリスフォームで開いたのも新しい試みだったが、本誌6月号

「プレイガイドジャーナル」 1972年6月号

の特集も連動した。題して「てん・てん・テント・てんと虫」。特集も公演も林信夫とおぎのえんぞうが担当した。

一人で何もかも背負い込んで悪戦苦闘してきた僕には、いままで満足のいく編集活動ができていなかったという思いがあった。1か月まるまるをかけて足で取材できた創刊号以外は、毎月定日発行に追われて、リストモノ地図モノという定番特集や、当月翌月のイベント紹介の特集などが続いていた。依頼原稿で編集していた「フォークリポート」とは違って、全ページ全マス目を自分たちの文字で埋めなければいけない雑誌なのだ。

できあがった6月号の特集を見て、編集面では任せられるメンバーが出てきたことがうれしかった。この特集「てん・てん・テント・てんと虫」は担当の二人が企画し、現場に出かけて取材し、対象と切り結ぶ批評や自前の言葉で書いた文章があった。

京大西部講堂前で公演を終えた天幕劇場イエロー、天王寺野音を終えた劇団変身は岡山まで追いかけ、紅テントの唐十郎・状況劇場は『二都物語』公演中の京大西部講堂前へ、さらに何人かが車に同乗して東京へ出かけて公演中の演劇センター68／71黒テントを取材し、役者アンケートや佐藤信インタビューをものにしたのだ。

その行動力も併せて、僕にはどうしようもなかった時間的余裕を自在に使っての取り組みがあった。編集部の層が厚くなってきていた。編集スタッフは毎月のように新しい顔触れが増えていった。短期間のメンバーも加えるとずいぶんになる。6月からは安井博文、森田裕子、中原英子らが加わって、その後長く活動を共にした。

新事務所が梅田から徒歩圏内になったことで、事務所でチケットの取り扱いを開始した。また従来の招待券プレゼントに加えて、本誌を持参すると入場料を100円引きという特典を各主催者に持ちかけた。またミニコミ特集以降、送ってくるミニコミも増えてきて、可能な限り紙面で紹介するようにしたのもこのころからだった。

事務所内風景

新しい事務所は快適だった。24時間出入り自由で、放歌高吟し騒いでも誰にも迷惑をかけない堅固な不夜城の趣だった。周辺は夜中まで輪転機が回る新聞社街だし、少し南には関西テレビがあったので、夜中まで開いている飯屋も並んでいた。1階の喫茶店と2階の雀荘は毎日のようにお世話になった。1年前までの古巣・アート音楽出版も近所だった。よし、ここで一つやってやろうではないか、と決意を新たにしたのだった。

その事務所で、スタッフも増えたが、出稿前数日間の徹夜作業は当然のように続いた。終電車がなくなって、仮眠のために立ち寄るものもいた。

部屋は南東面が大きな窓になっていて、南側の読売ゴルフガーデンの向こうにホテル御苑のネオンが夜通し輝いて華やかだったし、その上空には月が巡っていた。

四六時中音楽は鳴っていた。まるでジュークボックスのようだった。レコードは誰彼なしに持ち込んできたし、遠慮しながらもしっかり好みの音楽が聞きたいのだ。

夜が白々と明けはじめると、たちまち容赦なく日射しは照り込んでくる。季節はもう夏になろうとしていた。エアコンはなかったしカーテンもない、隅々まで光の届く部屋で眠気が最高潮になる。ドアと窓を開け放つと朝の風がさわやかだった。

はかどらなかった作業にうとうとしながら思いをめぐらせていると、前夜にいったん帰宅した女子編集部員がおにぎり持参でやってきてくれる。さあもう一踏ん張りだと最後の校正に取りかかる、そんな毎月を何度経験したことだろう。

当時のコンサート主催者

ところで、70年7月創刊から1年間、毎月イベントスケジュールを集めてきたが、例えば、フォークソングやロックのコンサート主催者は60年代終わりごろからずいぶん底辺を広げてきたようだ。当時の紙面を少し拾ってみよう。イベンターやプロモーターという名が使われはじめたころだったか、個人やグループでの活動が目立ってきた。

福岡風太の風都市大阪をはじめ、ヤングジャパン、ＡＦＬ、ポートジュビリー、MOJO WEST、ビームアップ、ウィークエンドあたりが比較的大きなコンサートを打った。

他にも定期的な開催で名前が出ているのは、わりばし・宮里ひろし、閑古鳥・回陽豊一、フォーク愛好会・小西重夫、フォークアウトロウ・二村、日曜日の企画室「しゃぼん玉」、ＪＡＭ・小松、フリーダム、キャンプ・藤井サトル、フォークスクール、モダンアートワークショップ、スチューデントクラブ・熊取谷、のぐその会、浅川マキを聴く会、ホモサピエンス、フォーチューン、ダムハウス、いろはにほへと、などがあった。

もちろん従来の音楽舎、綜合企画、フォルテ、大阪コンサート協会など興行会社は健在だし、大阪労音などの鑑賞団体も存続し、ヤマハなど楽器メーカーも熱心だった。夢番地やサウンドクリエーターはまだなかった。

レコードをかけて音楽を聴かせる店が、外に出てホールでコンサートをやるケースもあった。ディラン、ジュニア、マントヒヒ、ソウルインなど。ライブハウスという呼称はまだなく、エスエス、ＮＧ、アッピーハウス、いんたーぷれい8《はち》などは店内で生演奏を組んだ。

多目的なライブハウスといえる活動をしていたのは怨闇やモリスフォームだろう。

映画の自主上映では、フィルムジャム・日下潤（潤二）、名画発掘70、大阪学生友の会・升田光信、日本映画鑑賞会ＯＳＡＫＡ・安井喜雄、アートシネマサークル・石塚俊樹、大阪シネクラブ研究会・大庭伸一、関西シネマサークル、大阪学生映画センター、ＢＣＣ大阪ビートルズシネサークル、ＡＦＧアニメーションフィルムグループ、京都労映、全大阪映画サークルなどがあった。

6月には、大阪に続けて「プレイガイドジャーナル名古屋」が創刊した。名古屋の、まだ東海紙工の社員だった笈川良次から同じような雑誌を名古屋で出したいと声をかけてきた。もちろん各地で同じ目的をもった雑誌が生まれるのは歓迎だったし、協力することを決めた。

その後誌名を聞かされたときは「あれ？」と思ったが、まあそれもいいだろうと。彼は全国に広がる構想を考えていたのかもしれない。しかしこれは我々が全国ネットを目指したわけでは決してない。各地に同じような雑誌ができるとしても、自主独立、バラバラでやるのが一番だと思う。そのうち全国連絡会議ができて、あれこれ方向を出し始めたり、主導権争いになるのはごめんだった。それに、我々の雑誌が大阪の、一地域の雑誌になることは考えられなかった。「プレイガイドジャーナル」は大阪で創刊したが、いつも全国の読者を対象にしている全国誌だという意識だった。

でも、創刊後は仲良く兄弟誌つき合いが続いた。笈川は後に独立して「ばおばぶ」社を設立し発行を続けた。

第5章　2年目に突入

1年間の蓄積というか、厚くなったスタッフ陣によって1972年7月号では新企画・シリーズをずいぶん打ち出した。

「界隈漫歩　Here There, Everywhere」「映画を媒する人たち」「奈良版」は続いていた。創刊以来の「ぷがじゃ通信」は「6丁目深夜版（STREET FIGHTING PRESS）」を経て「ぷがじゃ生協」になった。取材時の雑記事や読者投稿、ミニコミ紹介、加えてプレゼントやチケットの取り扱い、さらには読者同士の「求む」「譲る」などへ広げたかったのだ。

そして松田一二の活動が軌道に乗ってきた。

松田一二の活躍

独特の人脈から7月号特集「無声映画と活弁」、続いて8月号特集「関西制作4つのテレビ番組」と取り組んだのだ。MBSラジオの番組「サウンド5」を担当する中で、担当のディレクターやプロデューサーと関係を深めながら生まれてきた企画だった。

松田の相棒は創刊以来の協力者大槻鶴彦だ。彼もやはり金一や松田と高校時代の同窓後輩で、読売テレビ社員だったが、仕事を終わって事務所に顔を出し、すっかり編集部の一員だった。

松田は前述したように我々の中で抜きん出た営業力をもっていたが、加えて演劇の脚本や放送の構成台本などにも豊かな能力をもっていて、コピーライターの枠に収まらない作家志向でもあった。またボウリング場の役職から解き放たれた気持ちもあったのだろう。勢いに乗って9月号から「笑売人繁盛記」、次いで「変人奇人がらくた問答」シリーズをスタートさせた。

一方で彼は、「サウンド5」に加えて7月にはミリカプールでのイベント「ヤンタンフェスティバル」の仕事も決めてきたので、これは全員で取り組んだ。そしてそれが終わると、「由紀さおり」舞台監督で全国ツアーに出るという大活躍だった。

ところで、73年1月号から「由紀さおりの手紙」が毎月載ることになるのだが、これは彼女のステージを我が舞台監督チームが支えていることで、このような形で広告をもらえるようになったのだった。コーディネーターは山田修がやり、旅先から「手紙」を送ってきた。ラジオ番組は「ゴーゴー歌謡曲」「おはようリスナー」を加えて3本に増え、これらは編集部から番組内容に合わせた情報を毎週送稿した。

すべての舞台監督の仕事は、もちろん金一を代表としたグループの一員として関わるのだが、僕ももともとより興味深い仕事だし、収入にもなったのでずいぶんやった。

71年の「世界歌謡祭」に続いて、72年7月の「ポピュラーソングコンテスト（ポプコン）日本大会」「ポピュラーソングコンテスト東日本大会」、9月東京宝塚劇場での「日本歌謡祭」（いずれもヤマハ音楽振興会主催）などの舞台監督チームに加わって、東京にもよく行った。

この規模のステージになると前後の打ち合わせ、大道具照明音響などの仕込み、リハーサルなど1週間程度の東京滞在になるが、舞台監督チームが借りていたアパートに泊まり込むようになっていた。山田修、大橋誠仁、谷口博昭、おぎのえんぞうらとで入れ代わり立ち代わりの雑魚寝だった。ミュージカル『死神』は公演が続いていたし、「デュークエイセス」にはおぎのえんぞうが舞台監督チームに加わっていた。

「ポプコン東日本」には歌いはじめたころの井上陽水が出演していて、チーフ舞台監督だった田川律が言葉を交わしていたのを憶えている。田川は、このころは「ニューミュージックマガジン」を辞めて、フリーで音楽評論や舞台監督をやっていた。演劇センター68／71の制作メンバーだったし、71年には岡林信康のアルバム『俺らいちぬけた』（URCレコード）のレコーディングディレクターでもあった。

大阪で続けていた舞台照明オペレーターは、ホテルのショーやレセプション、デパートホールでのバレエや演奏の発表会、関西近郊のホールでの演劇公演などで、安藤利通の保有する照明機材を乗せた車で移動し、午前仕込み、午後リハーサル、夜本番、終了後バラシのサイクルだった。

全員で1泊旅行

72年8月号の配本も終えての8月1日、スタッフ全員で伊勢シーサイドモビレッジへ1泊旅行をした。「少年少女漂流記」で黒テントを張った海岸だが、キャンプ場やバンガローが並んで絶好の避暑地だ。

オーナーの角田良一は独特のアンテナをもって流行を先取りする才能があり、関西オートキャンピングクラブをいち早く立ち上げていた。北浜三越の向かいにあったレトロなビルに事務所を構えていて、おしゃれなオフィスに目を見張ったが、彼も本誌編集部によく顔を出していて特異な存在だった。

モビレッジ泊では、新旧スタッフの親睦や、波の音を聴きながら久しぶりの骨休みだった。

72年9月号は「ピンク映画」を特集した。映画制作会社は5社（東映、東宝、松竹、大映、日活）体制だったが、映画産業の不振で、大映が破綻し、日活が「日活ロマンポルノ」に移行するなど激動していた。そのため若松孝二らが隆盛を誇っていたピンク映画が衰退してきて、専門館のオリオン座なども やっていけなくなってきたことを背景に組んだのだった。

10月号特集「漫画大会」についても少し触れておく。関西在住の漫画家たち、創刊号の表紙を依頼した淀川さんぽや雑賀《さいが》陽平、はちのやすひこ、中島隆らと、漫画集団「ぼむ」の団士郎、篠原ユキオに各一コマを寄せてもらった。その後まもなくの12月に彼らは「あっぷる新社」を立ち上げて、空飛ぶまんが「あっぷるこあ」を創刊した。メンバーは、雑賀、はちの、中島に、竹内オサム、高宮成河らが加わった。この時はまだチャンネルゼロ工房は生まれていなかった。いしいひさいちが「アルバイト情報」にようやく連載を始めたところだったが、我々はまだ出会ってなかったのだ。いしいが「プレイガイドジャーナル」に連載を始めるのは75年11月号から。

映画の読者招待券は映画館からはなかなかもらえなかった。次善の策として、マスコミが映画会社と共催でホール試写会をやっていたので、そのリストを載せて読者に応募の便を図っていた。ところが、20世紀フォックス社と上映館の梅田シネマが10月封切『バングラデッシュのコンサート』の読者試写会を本誌単独でやらないかと持ちかけてきた。会場はフォックス社試写室。初めての「プレイガイドジャーナル試写会」だった。

『二月とキネマ』

秋には今年2回目になる演劇センター68／71が決まった。佐藤信の昭和三部作の大阪第1弾『二月とキネマ』で緑魔子が主演だった。11月公演に向けて場所探しを始めたが、同時に本誌11月号の紙面で何とか前企画を組みたかった。

緑魔子の写真は心当たりがあった。

70年秋以来、演劇センター68／71公演を追っていた糸川燿史が東京公演の『恋々加留多鼠小僧次郎吉』（主演緑魔子）を撮影していて写真を借りられたのと、本誌創刊のころ、緑魔子が主演した映画『やさしいにっぽん人』（東プロダクション）大阪上映のプロモーションに協力したので、そのスチールを保存していた。加えて、可能なら彼女のコメントが採れれば言うことがなかった。

彼女のスケジュールを調べると、どうも京都で映画の撮影が入っているようだった。ほとんど可能性はないだろう、でも当たって砕けろだ、顔でも見れれば満足だと一人で京都の撮影所に向かった。

撮影所受付ではロケに出ていると言われた。で、門の前で待つこと数時間。暗くなってきてダメだろうと思ったとき、信じられないことに彼女が一人で歩いて帰ってきたではないか。

ところが突然の出現にあがってしまって、彼女の前に不用意に飛びだしたものだから、不逞の輩（今ならストーカー）と思われて逃げようと身構えられた。あわてて自己紹介をして、『二月とキネマ』出演のことを聞きたいとか何とかを懸命に伝えて、少しの時間をもらうことができた。しかしアポもとってなかったなら、聞くこともしどろもどろで、テレコの用意もしてなかった。

帰ってから憶えていることを原稿にすると数行にしかならなかった。写真がそろっていたので、その横にその数行を貼り付け、何とかページを作ったのだった。公演が始まったとき、佐藤信を前にして緑魔子にそのいきさつをバラされて笑われたものだった。

さて、黒テント公演『二月とキネマ』は今回も林信夫が担当した。場所は彼の父親の関係していた病院前の空地を借りることができた。大阪のウエストサイド・四貫島だった。

公演は3ステージ、1300人ほどの入場者で、そのうち個人の手売りが700人強あった。

問題なく盛況裡に終わった。

林信夫と「同時代芸人」

林信夫は、本誌72年12月号から新しいシリーズ企画「同時代芸人」を打ち出した。その企画趣旨は以下。

我々は同時代芸人を活字の中だけにとじこめておくことはできない。これが雑誌の特集だけでなく記事とイベントを結びつけようとする我々の企ての動機の全てである。言葉でとら

演劇センター68／71
『二月とキネマ』
（1971年11月5〜7日）

えられるものなど彼らの芸にとって何ほどの意味をもたらすものか、たぶんたいした意味などありゃしないのだ。（略）

だれにでも愛されようとする芸人は我々の範疇ではなく、むしろ同時代のうちにさえ敵と味方を持ちうるような芸人をこそ〈同時代芸人〉とよびたい。（略）

芸を切り売りすることが芸人ではなく芸をもって自らも大衆をも切り返してゆくものこそが〈同時代芸人〉であるはずだ。（略）

6回連続で6組の芸人をとりあげ、終了後書かれたものをより具体的にふくらませるべくイベントをもつだろう。我々と〈同時代芸人〉はそのからみあいのなかでどのような〈芸人〉を発見し、どのような〈大衆〉を見出すだろうか。

「同時代芸人」シリーズの第1回目は漫才の北京一・京二。続く2回目1月号はストリップの星マリ・サチ。2月号は落語の笑福亭鶴瓶だった。林が選んだこだわりの芸人たちにインタビューして紙面を構成し、終了後に全員を出演させてフェスティバルを組むという、本誌にとっては初めての長期にわたる企てだった。僕は号を重ねるごとに力をつけていく林を見続けたのだ。

このころ彼は喜劇作家・香川登枝緒の知遇を得ていて、香川の連載「仏心鬼語」も始まり、松田一二の「変人奇人がらくた問答」、「同時代芸人」と並ぶと我が雑誌ながらずいぶん手応えがあった。

12月までに加わった編集スタッフに、森晴樹、阪越エリ子、守安経雄、松原利巳、中沢秀晃、辰巳康雄、上島かの子らがいて、夏の1泊旅行も参加したし、その後も長く一緒に活動した。

フォークリポートわいせつ事件、起訴決まる

72年も終わろうというとき、フォークリポートわいせつ事件の起訴が決まったと連絡が入った。「この雑誌はわいせつではありませんでした、数々の強権と尋問を謝罪し、押収した雑誌は返却します」という不起訴や起訴猶予にはならなかったのだ。

起訴の被告は中川五郎と秦政明の二人だった。対象になった小説の作者と発行人だ。早川義夫と村元は不起訴だった。知らされて、不起訴は残念、一緒に闘いたかった、と当時は勢いのあった僕だったが、仕方がない、被告になった二人に対してとにかく最後までつき合って、やるべきことをやろうと決めた。

藤田一良弁護士が「起訴は忘れたころにやるんじゃないですか」と言っていた通り、1年半以上経っての起訴だった。かくしてわいせつかどうかを裁判で争うことになった。みんな望むところだった。

この年の7月には、「四畳半襖の下張」を掲載した月刊誌「面白半分」が押収されて野坂昭如編集人、佐藤嘉尚発行人が起訴されていたし、ミニコミ書店模索舎が「四畳半襖の下張」コピー版を販売したとして、五味正彦、小林健両舎員が逮捕・起訴されるということが起こった。

第6章　編集長交代と事業拡充へ

1973年が始まった。1月8日の編集会議まではのんびりできそうだったが、僕は前年の秋から動き出した編集請け負いの仕事で原稿書きに追われていた。大阪労音時代に機関誌制作などで協力してもらったデザイン事務所や、制作会社をやる友人がPR誌や冊子の編集をまわしてくれていたし、松田一二からもまわってきた。

この時は、生命保険やデパートやスポーツクラブの定期媒体の編集を並行してやって、なんでもオーライだった。舞台の仕事は本番中心で、確実に拘束されるので、本誌制作スケジュールとの調整が困難な場合もあったが、編集請け負いは時間的にはより自由だったので、何本もやれたし、両立させやすかったのだ。だんだんこの方へ仕事をシフトしていった。

喫茶店特集と単行本の企画

73年2月号で、読者の大きな支持を得ることになった特集をスタートさせた。それは「大阪の喫茶店50選」だった。

日ごろの活動のつき合いで、本誌を販売してくれたり、イベントをやっていたり、特色のある音楽を聴かせたり、仲良くなったなどの喫茶店のリストが少しずつ溜まっていた。それらの情報を編集部お薦めの店として、地図付きで紹介したのだ。

この特集は読者にずいぶん重宝がられた。掲載誌片手に多くの人たちがお目当ての店を訪れたようだった。本誌の影響力を再確認することでもあった。

当然ながらこの企画は、京都と神戸に広げられるし、映画館や書店の50選などにもつなげていけた。しかも編集部全員で取り組めるのだ。

1月の終わりに、大阪の出版社六月社書房の山田一から連絡があって会うことになった。それまで大阪の出版状況についてまったく関心がなかったし、もちろんこの社も聞いたことがなかった。そもそも我々が出版社であるとは思ってもいなかったのだ。

当初プレイガイドジャーナル社を立ち上げたとき、「大阪で雑誌を成功させることは並大抵ではない」とか「出版社を興すABCとは」とかのアドバイスはもらったことがあった。かなり苦労した経験者から親身になって経験談を話してくれた人もいた。神妙に拝聴したが、僕としては出版社をやろうという意識はなかった。

やろうとした雑誌は、人びとの集まる場だし、情報を共有するメディアだし、イベントや事業をやる道具という考えだった。

ところで、山田一の話は、編集部で、今までの蓄積した情報を1冊の単行本にまとめてみないかという提案だった。一瞬信じられないことを聞いたような気がした。我々のもっている情報や1年あまりの活動が本になるなんて考えてもみなかった。たちまち「出版社」のようなものが出現した感じがしたのだった。

印税とか制作費も出るという話だった。もちろんこの提案は断わることもないし、もしかしたら我々でもやれるかもしれないと思った。いままでやってきた特集やシリーズや細切れの情報を再編集することぐらいはまずやれるだろう。

山田一と話しながら、月刊誌では毎日のイベントを時間軸で編集しているが、単行本は時間に左右されない地理的、エリア的なものだろうなどと、少しまとまってきた。さて、反響の大きい喫茶店特集や界隈マップは単行本に組み込めるだろうか。

三越劇場*で月一コンサート

田川律は渋谷ジァンジァンの企画に加わり、「松岡計井子ビートルズをうたう」などをやっていた。東京で彼と会うときの喫茶店はジァンジァンの前のポタセルや、「ニューミュージックマガジン」の近所のマックスロードをよく利用したものだ。

69年にできた渋谷ジァンジァンはキャパ２００人ほどの小劇場で、音楽、演劇、舞踏などの意欲的な舞台がロングランされていた。僕もよく行ったし、田川律に高島進社長を紹介されていた。73年になって高島から、ジァンジァンが制作したヒット企画を「マイナースペースシリーズ」という名で全国各地に広げたいが、大阪を引き受けてほしいと提案があった。

福岡風太の風都市大阪が、高島屋ホールで72年3月から毎月「六番町コンサート」を開催して好評だった。大阪ではナンバの高島屋の他に北浜の三越が４００人ほど収容のホールを持っていた。三越は映画会などの他はほとんど使われていなかったので、提携してやらないかと話を持ちかけたら、OKになった。こちらの負担はPAを持ち込むぐらいで話がまとまった。

それで、ジァンジァンの企画を三越劇場でどうだろうかと、来阪した高島と田川に会場を見てもらってやることになった。毎月1回の「三越土曜スペース」のスタートだ。

6月の第1回は「アキコカンダ」、7月からは「詩人吉増剛造と翠川敬基らのジャズ」、「中村伸郎主演『授業』」が続いた。

組織の組み替えと編集長交代

金一浩司の舞台監督チームは、いずみたくのオールスタッフプロのステージを一手に引き受けて拡大の道を歩んでいた。彼らはもう雑誌の編集には関われそうもなかった。全国を飛びまわっているのだ。

どうやら組織の組み替えが必要になっていた。「プレイガイドジャーナル」の編集を中心に活動をするか、「プレイガイド企画」によって舞台や制作を中心にするか。それぞれが決めなければいけない時期だった。

とりわけ僕にとっても、新しく取り組もうとしている六月社書房の単行本企画や毎月の「三越土曜スペース」は片手間ではできるものではないし、増えてきた編集の請け負い仕事も仲介者やクライアントの手前、大きな責任を感じていた。

編集会議と並行してそういった話しあいを何度かもって、各自の行く道を考えながら意見を出しあった。その結果、初期からの編集メンバーでいえば、大橋誠仁、谷口博昭、おぎのえんぞう

＊三越劇場〈北浜・現Kitahama Plaza〉

が舞台監督のチームへ移ることになった。谷口博昭は、「フォークリポート」をやっていたとき、フォークシンガーで誌面に登場してもらったことがあったが、山田修と一緒に「高校生フォークタウン」にも取り組んでいた。「プレイガイドジャーナル」では音楽を担当していたが、舞台監督に移ってから、向いていたのか、大きく活躍の場を広げた。

一方、編集部では、僕が事業部門に活動の比重を移し、編集に直接携わることから外れる方向で話しあった。そして創刊2周年の7月号から編集長を林信夫に代わることを決め、それまでの3月号から6月号は連名でいくことにした。

林は、編集長として、編集専従になることが、まだそれに見合う報酬もないなかで、自分の生活とどう折り合いを付けるか、難しい問題をかかえながらも引き受けようということだった。

こうしたことが可能になった組織に育ってきたことは、僕にとっては幸運だった。望んでできるものでもないし、一朝一夕で可能になるわけでもなかった。会社経営者がいて多数の社員や豊富な資金力をバックに定期的に編集長が交替する雑誌でもなければ、一人の生涯編集長でいく雑誌を目指すなんてこともハナから思っていなかった。

編集を全面的に林に引き継いで、僕は「ベテランの域に近づいた」（日下潤一・談）版下作業など雑誌制作面を引き続き担当するつもりだった（間が悪いことに、夏の2か月間山口由美子がフランスへ行く予定だったのだ）。そして、単行本や月例コンサートを軌道に乗せ、さらに新しい事業を開発し、また同時にじり貧になっていた自身の生活を立て直そうと決めた。

3月号の特集は予定通り「西宮から神戸の喫茶店20選」を組み、続いて4月号が「京都の喫茶店25選」。「同時代芸人」は上田正樹（R&B・ソウル）、大石かんじ（演歌）、小林隆二郎（フォークソング）と続いた。

編集に専従する林の生活のことも考え、少しは補填しようと新たな出資を募り、金一、松田、林、安藤利通、亀山輝夫（金一友人）、村元が応じた（これまでの全出資金は、幸いなことに1974年に返済できた）。

フォークリポートわいせつ事件、裁判開始

1973年3月7日、フォークリポートわいせつ裁判の召喚状が届いた。第1回公判は5月11日に決まった。

裁判闘争の戦術について、2月ごろから藤田一良主任弁護士を囲んでの勉強会をやってきた。弁護士を他に2人、熊野勝之、仲田隆明を加え、特別弁護人として三橋一夫とW・ライヒ『性と文化の革命』を翻訳した中尾ハジメに委嘱し弁護団を構成すること。裁判官も複数での合議制にするよう要求すること。被告人の冒頭意見陳述は特に重要で、とにかく被告人の考え、思いを最大限発言するように。公判の最初は起訴状に対する疑問点に対して徹底的に求釈明する戦術でいくこと。などの方針が出された。

5月11日第1回公判が大阪地方裁判所で開廷した。最初は被告人の人定質問と検察官による起訴状朗読があった。次いで、押収から起訴までの1年半の放置に関して、弁護側が迅速な裁判を保障した憲法に違反していると指摘して検察官は遺憾の意を表明し、続くその後の厳しい求釈明

に対しては検察官は答えられなかったので、次回までに用意することとなって閉廷した。以降ほぼ毎月1回の裁判が続き、76年に無罪判決が出るまで大阪地裁に通うことになった。

5月17日、音楽舎の事務所に集まって総括と次の取り組みなどについて検討会を開いた。

ところがこの時には、「フォークリポート」の編集発行とアート音楽出版はすでに東京に移り、音楽舎所属のミュージシャンも移籍してしまっていた。

音楽舎は72年秋から大きく変わった。かつての社員だった高木輝元が独立して如月ミュージックファクトリー（如月ミュージックファミリー・如月音楽一家・如月ミュージックオフィスとも言った…）というブッキング・マネージメント会社を設立していた。ミュージシャンは音楽舎から離れて、新しい拠り所として大部分はここに移籍した。

確かに音楽舎の運営はむつかしくなっていたと思われる。高石友也が去り、所属していた個々のミュージシャンも目指す方向は様々だった。運動を目ざすもの、アマチュアリズムで行こうとするもの、売り出して有名になっていこうとするもの、バンドを編成して活動しようとするもの、個人的な友達関係で事務所を作ってやっていこうとするものなど、どんどん拡散してしまう要素があった。また音楽舎に対する不満もあった。解決されない問題も山積のままで高木は引き受けようとしたのだろう。その人柄を慕って集まったことと思われた。

関西で元気だったのは京都勢のシンガーソングライターや片桐ユズル、中山容ら詩人たちで、積極的に「関西フォークキャラバン」「かわら版キャラバン」などを組んで各地に歌いに出かけていた。URCレコードも彼らに依拠しながら、『かわら版キャラバン沖縄ライブ』『関西フォークの歴史1〜3』『ほんやら洞の詩人たち』などのレコードをリリースしていたし、72年京都にオープンした喫茶店ほんやら洞が活動の拠点になっていた。

フォークリポートわいせつ裁判を支援する人びとも自然にほんやら洞に集まるようになった。裁判が始まると、支援するメンバーは「フォークリポートわいせつ裁判を調査する会」が立ちあげた。またアート音楽出版（東京）からも「フォークリポート別冊・裁判始まる」が発行され、「飛んで火に入る検察の犬」と特集を組んだ。

僕も「プレイガイドジャーナル」誌上で、「フォークリポートわいせつ裁判レポート」を、1980年最高裁判決まで続けることになる。

イベント同時代芸人

「同時代芸人」は73年5月号・連載6回目の小林隆二郎を最後に、当初の区切りで5月29日から3日間、イベント「同時代芸人フェスティバル」に突入した。

プロデュースする林信夫は会場に生野区寺田町の源《げん》ヶ橋演芸場*を決めた。前年秋に日本維新派が公演をやったところだが、予告通り「その他入り乱れて大合戦」にふさわしい会場といえた。

シリーズで取り上げた北京一・京二、笑福亭鶴瓶、上田正樹とMZA、大石かんじ、小林隆二郎らに加えて、落語の桂べかこ、ストリップのポールキャッシー、講談の旭堂南右、旭堂南花、旭堂南京、パントマイムの重藤静美、漫才の渚ミワ、フォークソングの新坂ゴリラ、大出泰孝、絵ときのどんぐりケン、芝居は古賀かつゆき、北川総明、玉水町煙、おぎのえんぞう、伊藤良一、

*源ヶ橋演芸場〈寺田町・現生野本郵便局〉

プライベートフィルムは大塚憲昭、森晴樹、横井らが大挙して出演した。〔出演者の半数近くが飛び入り〕の、まさに闇鍋フェスティバルで、〔大衆芸術を自分達の手にとりもどしたい〕という林のねらいは達成できたのだった。

5月号の特集で「京都の喫茶店・後編」をやった後、6月号からは名画館に取り組み、「大阪の名画館・北編」「大阪の名画館・南編」と続けた。

取材の過程で映画館に読者招待券をもらえないかともちかけて、各館とも心よく応えてくれた。

「同時代芸人フェスティバル」
1973年5月29〜31日

すかさず表紙に「特集記念招待券２００枚プレゼント」と刷り込んで、おおいに読者の歓心を買った。

パリツアー、海外旅行企画のはじまり

初めての海外旅行の企画は73年5月ごろ、日通旅行社から声がかかった。

まず広告を出すという話があって、加えて旅行企画と集客協力の要請があった。まだ仕組みはよくわからなかったが、通常の団体旅行を「雑誌記者特派の旅」の名前に替えて独自性を出したかったのだろう。73年11月の９日間パリ滞在という旅行期間も短いし、旅行価格もそれほど安くできなかった。本誌の集客力を見ていた旅行代理店の判断があったと思う。

広告をもらえるのならと受けることにして、帰国後に旅行参加者による「旅行記」特集を組もうと計画した。

その直後に関西汽船から74年4月実施の「グアムクルーズ」に広告と動員、船内イベントの協力申し入れがあった。これらの動きが74年7月の「アメリカ夏の陣」につながっていくことになるのだが、これらについてはまたくわしく書きたい。

新しい編集スタッフは引き続き増えていった。谷村有理、秦京子、喜志幸信、沢井大三郎ら。来る者は拒まず、去る者は追わずだった。在籍1年に満たず離れていった人もいた（それらの人は名前を挙げるのは控えた）が、２０１５年の現在まで親しくしているメンバーもずいぶん多い。会えば当時のことが蘇る。

『大阪青春街図』完成

5月21日、『大阪青春街図』（六月社書房刊）がついに完成した。半年間の苦闘だった。内容でいえば、モリスフォームとの合作で、森英二郎（ハローアゲンスタジオ）が2色刷りのイラストマップ「大阪20景」を100ページ描き大活躍だった。共著モリスフォームとしたが、森英二郎はすでに自身のイラストの活動を中心にしたハローアゲンスタジオをモリスフォーム内に立ち上げていたのだ。

糸川燿史は「春一番」や演劇センター68／71などイベント写真を寄せてくれた。我々は本誌で取り組んできた特集の活動拠点ガイド集を再構成、取材を新たにして説明文を書き、山口由美子が個々の地図を書き下ろした。

「はじめに」を再録してみよう。

ながいあいだ〈みる側〉に閉じこめられていた私たちは、67・68年に大阪で根をおろしはじめたフォークソングの洗礼を受けていらい、その呪縛から解放された。

何者でもなかった私たちがおもいおもいに歌をつくり、いたるところでうたいはじめた。

演劇ではもうすでに劇場を捨てて街頭を奪っていた。

神社境内やビルの地下室で夜毎狂気の花を咲かせた。

前後して映画も五社の上映機構を否定し、自主上映を組織、さらに私たち自身の映画製作へとむかっていた。

そしてなによりも、自己表現の圧倒的な奔流は、より直截に無数のミニコミ紙誌にあふれた。

といっても、この状況が今日の、73年4月まで続いているというわけでは決してない。今の時代はとてつもなくしろっぽい様相を見せている。

そして過去の時代にこそ必要だったこの本を、今、編集・発行しようというのも、同じようにしらけた行動なのだろう。ちょうどフォークシンガーたちが、あの時代につくった歌を現在、次々にレコードにしているのにも似て。

ともあれ、この本は、2年間「プレイガイドジャーナル」を発行してきたなかで集めた情報であり、私たちの表現行為の現場と、街頭における生活の拠点の地図帳である。

しかしながら、これらの拠点を500近く集めても、私たちが共有することができ、真に表現の場として成立しうるスペースはほんのひとつも確保できていないのが現実である。そういう意味で拠点はいまだ虚点でしかない。

もし、このような状況の中で、この本を発行しようとした理由があるとすれば、唯一に次の世代により強力な情報集を、より広範囲に発行するための、とりあえず第一歩の情報交換をはじめたいからである。

したがって、この本は決してこれ一冊で終わるものではないし、全国いたる所で発行されるべきだと考える。

情報交換であるからには、次は、今はまだ読者であるあなたの番だ。

PGJ・M

5月21日刊で一斉に全国書店で発売された。ところが売り切れ続出で、25日には2刷が決まった。すぐさま山田一は次の『京都青春街図』に取りかかるよう連絡してきたのだった。

我々でも出版はやれるのだ。もしかしたら将来事業として取り組めるかもしれない、そんな思いが浮かんだ。

『大阪青春街図』1973年5月刊

第1回三越土曜スペース

「三越土曜スペース」の方は、6月16日、第1回をジァンジァンの定番企画「アキコ・カンダ」モダンダンス公演を無事終えた。ジァンジァンの企画は「詩人吉増剛造と翠川敬基らのジャズ」「中村伸郎主演『授業』」と続いたが、我々の大阪独自の企画も組み込もうとして、その最初が「西岡たかし＋渋谷毅」、そして「南正人」「古谷充」を開催した。

ところで、五つの赤い風船の西岡たかしは前述した如月ミュージックファクトリーには移らずに、また音楽舎にも残らず、大阪で自身の事務所ニコニコ堂を興して活動を始めていた。「三越土曜スペース」出演の機会に話を持ちかけ、彼のプロデュースで月一のコンサートを共同でやることになった。その「ニコニコンサート」(三越劇場)は74年1月からのスタートだった。

如月ミュージックファクトリーの高木輝元から73年の夏ごろ、「遠藤賢司・井上陽水ジョイントコンサート」を10月大阪でやらないかと連絡してきた。音楽舎・URCで共に活動したもの同士なので話は早かった。10月のサンケイホールは既におさえてあって、全国ツアーの一環(名古屋はばおばぶ主催)だった。遠藤賢司とも旧知だったし、「夢の中へ」がヒットし人気急上昇中の井上陽水とのジョイントでよく入った。高木とはコンサートが終わってゆっくり話したが、このころはまだ草創期だったのだろう、多くのミュージシャンを抱えているそぶりも見せず、相変わらずおだやかでのんびりした様子だった。

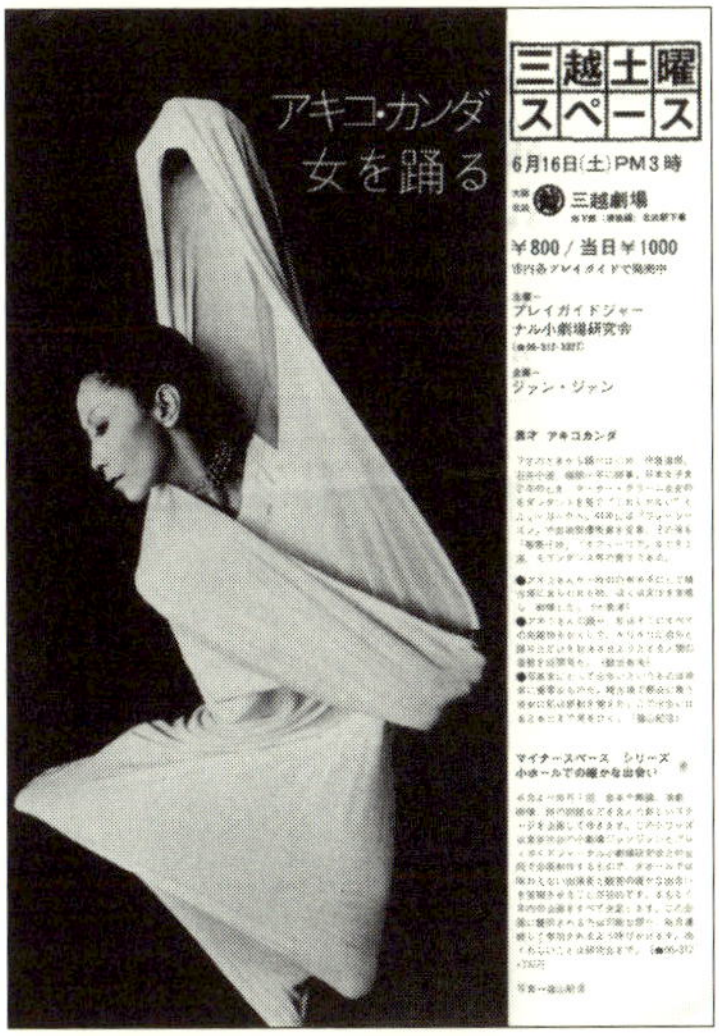

「三越土曜スペース」1972年6月
「アキコ・カンダ」

このころ朝日新聞が「若者」欄をスタートさせて、担当の原田菊三郎記者がよく事務所を訪れるようになった。

マスコミとのつき合いでは、ラジオなどの関わりは前述した通りだが、新聞も「プレイガイドジャーナル」や我々の集団をよく採りあげてくれた。もちろん我々の主催するイベントではそのつどニュースを流してPRしたが、雑誌の存在と、我々集団の存在や行動がニュース性をもつ場合もあって、編集部や編集部員が取材対象になったりもした。加えて、ある独特の情報を集積しているということで、その集積のバリエーションや素材そのものにニュース価値が生まれることもあった。いわば3パターンでの発信が常に可能だった。時には直接記事も書かせてくれた。

原田記者にとって我々は「若者」だったわけで、ずいぶん応援してくれたし、仲良くしてくれた。新聞社を退職してからはロイヤルホテルの文化催事に携わっていた。会いに行くといつもお茶をご馳走してくれた。原田記者が取材した若者88人の、林信夫もその一人だが、記事をまとめた『若者』（四季書房）が出版されている。

林信夫新編集長　その後の組織改革

そして73年7月号、林信夫新編集長が誕生した。この第2部、「プレイガイドジャーナル」に沿う形での3年間の記録はひとまずここで終えよう。

さて、創刊2年目の7月号時点でプレイガイドジャーナル社としての状況はどうだっただろう。毎号の販売部数は約5000部、定価100円の雑誌売り上げは約35万円、広告収入は約10万円だった。収支でいえば、毎月の収入が約45万円、印刷・写植など直接経費が30万円、家賃や交通費通信費など経費が15万円、何とか辻褄の合う数字にまでなった。これで30人ほどが日々関わっていた。やっとここまで来たのだ。

編集長を離れてからは組織改革にも取り組んだ。

舞台監督のチーム、舞台照明プラン＆オペレーターチーム、ラジオなどの構成や情報提供、PR誌などの編集受託、興行、単行本……。それらを「プレイガイド企画」という形で集約し、個人の収入にして10％を共通会計に入れるシステムが稼働していた。

しかし法人にしないでやる限界でもあった、かどうか、松田一二は法人化を急いだ。僕も、客観的な決算にする方が合理的であると賛成したが、プレイガイドジャーナル社の部分はすんなり行くとは思われなかった。

松田は友人の会計士とで構想を作成し金一浩司と僕に提案があった。まず松田が核になる株式会社を設立して、松田に係わる仕事でスタートし、資本金は事務所の敷金になった松田の出資金をあて、会計士も少し負担するということだった。

プレイガイドジャーナル社の会計は、1年間の出納簿レベルでの収支合計を会社会計に組み込んでもらって、税金などを合算することで問題ないようだった。どっちみち利益は出ていないのだ。

また、これまでの雑誌会計の実績は組み込まないというので、雑誌会計で受けた当初の出資金は村元の個人借入とした。以上で雑誌にかかわる金の出入りは引き続き村元の裁量でやることになった。また、プレイガイド企画は解消し、それまで積み立てた金は負担が多い松田の資本金の一部に充当した。

株式会社クリエイト大阪はこのようにして1973年9月設立した。社名は、松田が望むイメージが色濃く出たが、すでに東京を中心にして全国の舞台に仕事が広がっていた金一は、「大阪」ではないだろうと反対だった。しかし動きはじめ、東京もしばらくは同じように会社内独立会計で進めたと思うが、77年に独立した会社を立ち上げることになる。

後述するように松田は11月に株式会社有文社も立ち上げた。

「青春街図」と六月社書房

1973年5月『大阪青春街図』を刊行し、続いて『京都青春街図』にとりかかることになった。編集部も二つ返事で態勢を整えようとしたが、大阪とは違って、それほど京都の情報を持っていなかった。また『大阪青春街図』で一緒にやったモリスフォームのような存在もなかった。しかし、とりあえず取材を開始し、記事や地図を作成しはじめたときニュースが飛び込んできた。発行社の六月社書房がつぶれたというのだ。1973年9月だった。

それまでは押せ押せでやってきたし、『大阪青春街図』は順調に売れているようだし、信じられなかった。出版社とはかくも簡単につぶれるものかと。

10月には初めての経験で債権者会議にも出席した。債権者代表（最大債権者の印刷会社）が采配をふるった。主たる資産としては取次に対する売掛金があったがこれからの返本でなくなってしまうだろう、倉庫に在庫は多かったが売れる見込みは少なかった。他にはめぼしいものはないこと、ここは経営者の家庭の崩壊にまでは踏み込まずに債権を放棄しようということで、結局は再建はないし、印税など未収分の配分もないということだった。

出版社に行くと社長が返本の山の中で孤軍奮闘していた。

「いくらでも持って帰ってください」と声をかけられた。『大阪青春街図』は増刷したばかりだったし、委託配本の返本もけっこうあるようだった。

職場を失った編集者の山田一からくわしい事情を聞き、善後策を検討していたが、松田一二が乗り出してきた。彼はクリエイト大阪を立ち上げたばかりだったが、出版社もやってみようという。いよいよ面白くなってきたと腕が鳴っているようだった。宙に浮いた青春街図シリーズの出版も考えてそれには僕も賛成だったが、「プレイガイドジャーナル」を軌道に乗せる課題があるので外してもらって、松田・山田ラインで新しい出版社を作ることになった。

1973年12月有文社はスタートし六月社書房の編集者だった山下誠も合流した。最初の新刊は毎日放送ラジオ『ヤングタウン』の書籍化第1号だった。多分以前からその構想を松田は進めていたのだろう、六月社書房の倒産が9月に決まって有文社をやることになり具体化した。

山下らが制作を進めたようだが、『大阪青春街図』と同じく、ハローアゲンスタジオの森英二郎にイラストルポや全面的にアートディレクションを引き受けてもらっていた。発行・クリエイト大阪、発売・有文社という形とか、書店販売の取次口座開設も含めて、12月発行は有文社を立ち上げてぎりぎりの出版だったのだろう。

「プレイガイドジャーナル」新年号でこの本を読者プレゼントできたし、2月号でクリエイト大阪と有文社の設立を正式発表し、これらの混乱に切りをつけた。

起承転結

しかし、僕は便宜上法人を志向したがやはり「会社」にはなじめなかった。

内外の音楽家による音楽会を楽しむ目的で集まった会員組織の専従で駆けまわり、フォークソングを媒介にして急速に広がる若者たちの奔流の中で片棒を担ぎ、世に出ない埋もれた情報を網ですくいとったスケジュールガイド誌を集団制作するなど、何とも似かよった集団での体験は「会社」という感じではなかった。

「組織」でさえなく「群」だという者もいたし、その「群」であることに我慢ができなかった者もいた。集団になると出てくる遊び半分や、好い加減さ、けじめの無さを心地よいと感じる人も、頭にくる人もいた。

運動？　大阪労音もフォークソングも、携わっている人は「運動」とも言っていた。たぶん創作する側と享受する側の回路が円環になってぐるぐる回っていることを言ったのかもしれないし、無名のアマチュアの自己表現が社会的な意味合いと広がりをもつようになる状況を言ったのかもしれない。その中で新しい創作・表現が次々に生まれる、そのイメージを感じていた。

しかし、視点を変えれば、始まりがあって、終わりがあること、確実に。それが運動である意味合いかもしれない。

上昇気流に乗るときもある、時代に寄りそえる時もある、幸福な体験も一時期続くかもしれないが、それがいつまでもというわけではないし、「永遠」などでは決してない。僕が関わってきた組織は三つともそうだった。確実に起承転結がある組織・集団なのだ。

剰余金を蓄積し、税金を払い、資本を増やしていく。代表者も定期的に交替していって、「会社は永遠です」などというのとは決定的に違った。

さて、1973年の時点では、プレイガイドジャーナル社はやっと「起」が終わって「承」にさしかかった時期だろうか。その「承」から大化けの「転」を短期間経験して、そして「結」がしのびより、ついには舞台から退場していったのだった。

この記録のあとに続く1973年から1985年の「プレイガイドジャーナル」12年間には、数々の興行主催、単行本発行とベストセラー体験、同時代で海外とつながる旅行の企画主催、地域と結びついたメディア刊行、映画製作などがあった。

編集長は林信夫から山口由美子、森晴樹、村上知彦、小堀純と替わっていき、編集スタッフもずいぶん大勢が関わった。そんな中で本誌は発展したが、バブル期には停滞しはじめ、紙面改造を経て、やがて崩壊……。この間の記録は2冊目の本にゆずりたい。

第3部は、僕が関わった三つの組織の最初、大阪労音での最後の2年間の記録で締めくくる。ほとんど半世紀前のことなのだが。

大阪労音機関誌「新音楽」
1969年6月号

第3部

大阪労音での最後の2年間

1968年～1969年

第1章　再建案の討議が始まった

はじまりは大阪労音から

時系列では前後したが、「フォークリポート」の編集制作を経て「プレイガイドジャーナル」の創刊に至る僕の活動の始まりは大阪労音だった。これら3組織に関わる小史を書こうとしたとき、僕は大阪労音で得た文化的環境を指針に次へ次へと進んできたことを思わずにはいられない。

第3部では大阪労音に在籍した最後の2年間の体験を中心に筆を進めよう。

1964年、大阪労音（大阪勤労者音楽協議会）は創立15周年をむかえ、会員15万人を擁する大組織だったが、その後の数年で会員が半減するまでに落ち込んでいった。1968年には組織をどのように再建していくかという討議が本格的に始まった。

創立15周年を迎えた音楽鑑賞組織

大阪労音とは、1949年、敗戦後の文化が底を払った時代に、主に勤労者が自分たちの手で音楽会を開催して、良い音楽を安く鑑賞しようと発足した組織であり、大衆的な音楽運動だった。当初はクラシックだけを対象にしていたが、まもなくポップスやジャズにまで広げ、会員数も例会（月例の主催音楽会）本数も飛躍的に増えていった。

会員は毎月複数企画される例会の中からどれかを1本鑑賞するのだが、15万人というと、1か月30日間、大阪市内のどこかのホールで毎日例会が開催されていることになる。約3000人収容のフェスティバルホール換算で50日間必要だった。従って、当時の例会系列、A（セミクラシックや伝統音楽）例会、B（クラシック）例会、C（ポピュラー）例会に分かれて、毎月数種類、サンケイ、毎日、厚生年金各ホールも確保しながら、土日のマチネーも併せて開催していた。65年にはK（歌謡曲）例会もスタートさせた。

会員は所属する職場などにある労音サークルに入って毎月例会に参加するのだが、例会情報やチケットの受け渡し、会費の集金と納入はサークルの代表者が世話をするシステムだった。巨大組織の会員数を支えるのはまさに代表者のボランティア作業なのだ。会員の顔が見える小規模な時代には自分たちの組織であるという自覚もあって有効だったシステムも、大きなサークルになると数百人も会員がいて、例会の種類、日程が増えるなかで、代表者の作業は繁雑をきわめ負担も大きかった。

この組織を支える専従事務局員は64年には60人に増えていた。そのピーク時に僕は入局し一員になった。入るまでは大阪労音読書サークルに所属した会員で、かなり熱心にサークルの運営や合評、サークル誌「街角」の制作などに取り組んでいたと思う。そのころ、読書サークルのメンバーで事務局員の植田敬三に付いて事務局に出入りするうちに、それなりに組織のなかで活動するイメージがふくらんできたのだった。局員募集を知り応募する決意を固めたが、植田の推薦がなければ入れなかったに違いない。狭き門であったし、労音での組織活動歴がモノを言ったのだが僕は該当していなかった。

入局後、受付係に配属された。桜橋のサンケイビル6階にあった受付カウンターは、夕刻になると仕事を終えて来局する代表者・会員でごったがえし、顔なじみになるサークル代表者も増えていた。1年後、調査係に移り、毎月数本あった例会別の会員数予測や例会の評価調査、大阪のホール事情や一般的な音楽興行の状況などのデータを収集する業務を担当した。

1968年、僕は入局して4年目、25歳だった。前年の組織改革で系列体制になり、調査係からPMグループに移っていた。

従来のABC例会はその後CM（クラシック）、PM（ポピュラー）、KM（歌謡曲）例会に再編され、67年にはさらにグループ制（系列体制）に移行した。従来は企画部、制作部、宣伝部がCM、PM、KM3例会を横割りに担当していたのを、ジャンルの特性を重視してグループ系列毎に企画―制作―宣伝をおいて縦割りで担うようにしたのだ。それぞれを独立させて高度な例会内容と組織拡大を目指す意味合いがあった。

急激に会員数が減少

大阪労音は創立以来体験したことのないような時代の波に翻弄されていた。64年をピークに急激に会員を減らし、1967年には半減するような状況に至った。

その原因はいくつもあるだろう、組織を上げて状況を分析し全力を結集して凋落減少に歯止めをかけようとしたが、回復基調は作り出せないでいた。

高度経済成長期に入り、64年東京オリンピックを契機に一気に普及したカラーテレビやステレオとLPレコードなどによる音楽会をとりまく環境の変化、また旅行などレジャー・娯楽の多様化もあった。大量消費社会の到来はもう目の前だった。労音会員の中心だった勤労者も消費者という呼ばれ方に移りつつあった。

毎月10本ほどの例会を組んでいたが、その中に好みのミュージシャンがいるかどうか。毎月継続して参加するという会員の原則がむつかしくなり、入退会数の幅も大きくなっていた。また、座席は指定席ではなく、会場を3ブロックに分けて公平に3か月ごと良い席割りを廻していくシステムだが、嗜好がどんどん広がる消費者行動をつなぎとめにくくなっていた。

一方、我々の組織に対して正面から競合・敵対する創価学会が母体の「民音」と、経営者協会傘下の「音協」が相次いで発足していた。

大阪労音はもちろんのこと営利が目的ではなく、独立した会員組織として、発足時から会員代表や有志の活動で例会が企画され運営がおこなわれていたが、会員が増えるに従って専従をおくことが可能になり、専従業務も増え、組織の急拡大が60人という規模にまでなったのだ。事務局は企画、制作、宣伝、組織（委員や活動家に対応）、事業（合唱団や音楽教室など）、サービス（割引や物販）、調査、受付、発送、総務、経理などふくれあがる業務を分担していた。

事務局の上部機関としては運営委員会があった。サークル代表者から選出された委員の中からさらに選出された運営委員で構成される日常的な執行機関で、総会で討議する議案を決定し、また事務局に関することを審議する機関でもあった。

労音の運営でいえば、会員数が10万人になり、7万人に減るなかで事務局員は相対的に過剰人員になり、そのことが財政を圧迫することになったが、この課題は当然のことながら取り組むのに難しい問題でもあった。

会員数に見合った専従者の規模があるし専従者が過剰なら減らすしかない。しかし我々専従者には生活があるわけで、簡単に退職できるわけがない。また、雇傭されている立場にあるとしても、主体的に運営にたずさわる事務局員としてそれを解決するのも我々自身であることも理解していた。

専従者・事務局員の労働条件などを決めるにあたっては、この種の組織としてはきわめて合理的な方式、つまり労働組合を結成させていた事務局は運営委員会を雇傭者として、労使の話しあいを進めるという形を、ある時期から採っていた。労働者はどこで働いても労働者なのだということであり、事務局長以外は全員組合員だった。事務局労働組合は総評全国一般にも加盟して対外的なつながりもあった。僕は68年から組合執行委員の一員だった。

新しい活動方針が出る

1968年3月、定例事務局会議が開かれた。この時期の会議は毎年恒例の6月定時総会に向けた新年度方針案が議題だった。

会員減少に歯止めがきかない状況に対処すべく、事務局次・部長会議は従来にない活動方針を打ち出した。その「労音をめぐる諸問題」のうち主要部分5、6の概要を以下に記す。

5、運動の多様化と組織体質の強化

①例会参加者数の漸減傾向に比して、会員自らの演奏活動の発展と演奏教室など事業部サービス部の利用者の増大があげられる。……背景原因として、音楽要求形態の変化とレジャー形態の変化による音楽会の占める位置の相対的低下がある。……（例会が中心的位置を占めることに変わりはないが）今後の運動のあり方を考えると、鑑賞運動に限らず、音楽メディア全般を取り扱う多様な音楽活動と、それに付随した文化的諸要求を充足していく積極果敢な打開を必要としている。……

問題を経済的側面でとらえてみても、一般管理費の負担を例会分野のみにかけるのではなく、多様な活動領域に分散させることによって例会の内容を豊かにする。……同時に勤労者の音楽文化要求を守り実現していく強力な組織体質を作り出す。

②例会以外の分野での我々の経験は乏しく、具体化は決して容易ではない。……しかし18年間の運動で次のような有利な条件がある。……社会的信用がある、入会金蓄積など一定の資金力がある、府下全域に職場ネットワークがある、自覚的な活動家を有している。

③事業計画の具体的なイメージ。

主要ターミナルや副都心に出張所・事業所を設け、多角的事業を営む。（各種催物の割引斡旋、地域音楽会の開催、楽器・レコード・図書販売、会員の集う喫茶店スペース、旅行会、生協的組織など）……サービスセンター（舞台制作・会場管理などの受託・宣伝印刷デザインセンター・広告代理店、会計事務センター）……出版・レコード事業。

6、活動体勢—事務局体制

①事務局専従者の長期的配置計画と職場活動家の配置についての基本構想。

前述の状況に対応する事業計画から考えて事務局専従者の長期的配置計画を決める。……経常経費の膨張が財政硬直化の基本要因になっている……経常経費部分に占める人件費の割合は60％である。……例会部門に投入できる人件費は、従来会員２０００名につき事務局員１名といわれている。……例会部門、新規事業部門に配置する人員計画を綿密に検討の上確定しなければならない。……人員を削減するに当たって機動的合理的な作業進行プログラムを作らなければいけない。

今後は中心的例会、地域例会、新規事業活動に分かれるが、統一的系統的に遂行させることが大切である。

②局内体制。系列体制後の長所と欠陥。

原則として系列体制をとりながら、欠陥を修正するために柔軟な運営体制を組むとして、系列を横断する以下が新設された。

企画担当者会議。宣伝センター。組織委員会。日割券（チケット）センター。

提案の柱は、事務局員が退職して新規事業を興す

会員数減と過剰人員を抱えた事務局体制についてはこれまでも討議されてきたが、今回の提案には新しい局面、人員削減ということに向きあっていた。会員数５万人が現実的になるなかでの創立以来の危機であるという認識が、全員の思いでもあった。

今回の提案とは、一定数の事務局員以上は退職して、個々に独立して大阪労音周辺で関連した「新規事業」を興す。そして個々の事業を成功させて大阪労音の発展につなげようというものだった。

従来から合唱や演奏教室・同好会、旅行や親睦行事、一般音楽会や映画、物販の割引など、多彩な事業・サービス活動が軌道に乗っており、多くの会員が享受していた。それらに事務局員は業務として携わっていた。なかでも会員で構成される労音合唱団は毎年12月の「第九交響曲」例会に出演するなどの実績を重ねていた。

また１年前には、ベテラン事務局員２人が退局して興行会社「綜合企画」を興し、大阪労音がそれに出資し、本体ではできないような音楽会を企画して、しっかり営利を目的にしているということもあった。

それらを発展させる形で新規事業はあった。討議が進むなかで新規事業構想はどんどん成長していき、そしてその後１年間余のかつてない激しい闘争のもとになった。

新規事業への一定投資を想定

「新規事業」に投資する基金蓄積が少なからずあるということについては以下の判断があった。

会員は毎月連続して例会に参加することで会員であり、途切れれば退会、改めて例会に参加しようと思えば入会金（当時50円）を払い込まないといけない制度だった。この入会金はそのまま労音基金に蓄積されていた。

また、戦時中1940年に戦費のために創設された入場税（国税）は戦後も生き残り、映画、音楽、演劇など興行の主催者はチケット代の10％の入場税を事前に納付しないといけなかった。当時はチケットに税務署検印が捺された。

入場税に対しては、戦後まもなくから芸術家、文化人らが正常な芸術文化活動を疎外すると大がかりな撤廃運動を続けていて、その思いは広範な国民にも広がっていた。

大阪労音もその反対運動のメンバーであった。同時に我々は会員同士で会費を出しあって音楽会（例会）を開いて楽しんでいるだけだから一般的な興行ではないと裁判に訴えていた。並行して入場税相当額を預託したが、ある時期から預託停止に踏み切っていた。

それらの資金の蓄積があって、それを不動産に置き換えるための労音会館*の設置構想が従来からあったし、今回の新規事業に投資する原資としても想定できた。

このようにして、1968年3月の活動方針案は事務局組合と運営委員会に討議が移された。

第2章　系列体制に移行し新業務につく

ミュージカル『天国にいちばん近い島』

さてここで事務局内での僕の仕事について触れておこう。

1968年3月、大阪労音では画期的な例会、創立20周年記念ミュージカル『天国にいちばん近い島』が幕を開けた。

大阪労音の大型ミュージカルは『可愛い女』『劉三姐』『祇園祭』などが節目の年に製作され、わが国に例を見ない本格的なミュージカルとして先進的な歴史を誇り、その舞台成果と制作姿勢は音楽界にも評価が高かった。加えて通常例会でのミュージカルをあげれば、『あなたのためのうたうジョニー』『見あげてごらん夜の星を』『泥の中のルビー』『歯車の中で』など多数あった。

1968年が明けて、わが大阪労音の正念場とも言えるこの大作ミュージカルの制作に突入し、組織を挙げて会員拡大やPRに取り組み、黒須保雄、金一浩司が率いて、梅田彰や僕も所属するPMグループが主たる担い手だった。

『天国にいちばん近い島』原作・森村桂、脚本・高橋治、演出・栗山昌良、音楽・広瀬健次郎、作詞・小薗江圭子、万里村ゆき子、照明・今井直次、美術・高田一郎、振付・小井戸秀宅、効果・田村悳、舞台監督・土岐八夫。

＊労音会館〈阿波座＝江之子島・ビル現存〉

そして途中から脚本潤色・作詞として金一が自由劇場の佐藤信を引き入れた。自由劇場から演劇センター68／71、後の黒テントにいたる佐藤との出会いだった。

主演は梓みちよとジェリー藤尾。

僕は制作・舞台要員として、開幕数日前から各会場に分かれてオーケストラの音合わせ、コーラスやダンスのリハーサルにつき、日々舞台ができあがっていくのを目の当たりにしていた。本番の幕が開いてからはフェスティバルホールの舞台下の奈落で、梓がセリで降りてきて、早変わりするのを手助けしたり、場面場面で各所を移動して小道具を用意したりなど、それらは昨67年から経験を積んできたことだった。

1967年夏に事務局体制が変わった

ＰＭグループが新しくスタートしたのは前年67年夏で、大きく事務局体制が変わった。前述したように、会員の多様な嗜好を追いながら歌謡曲やグループサウンズなどのヤングポップスの分野まで広がった例会に対応すべく、ＰＭグループ、ＣＭグループ、ＫＭグループ、ＹＰグループ（ヤングポップス）の4グループに分かれて、それぞれが企画、制作、宣伝業務をもつ縦割りの系列体制になったのだ。

それ以来僕は調査係からＰＭグループに移って、企画、制作、宣伝のすべてに日常的にたずさわるようになった。制作担当は制作費を統括しながら、現場ではスタッフ会議やリハーサルなどにも立ち会うのだが、特に舞台監督を決めないステージでは、各スタッフの連携や進行、舞台監督もやった。

金一浩司からは以前から舞台監督をやれと勧められていた。水品春樹著『舞台監督』を貸してくれて、読み進めるうちに熱い思いがずんずんと伝わり、その時はほとんど崇高な任務である舞台監督の道をこれからは進むと決意したものだった。

実際に僕はことのほか感慨深い、いくつかの例会を担当したので少し振り返ってみよう。

府立体育館にフルバンド4バンドを集めた「ジャズフェスティバル」など大型例会の担当を経て、ひとり立ちした例会が67年11月の「ダークダックスリサイタル」だった。

「ダークダックス」例会で制作と舞台監督

構成演出・吉永淳一、音楽・山下毅雄、美術・有賀二郎、照明・今井直次、効果・加納米一。大阪労音ではおなじみのダークダックス単独のリサイタル形式で、スタッフもそれほど進行を難しくしない顔ぶれだったので、制作担当と舞台監督に僕が指名された。

東京に出かけ、最初のスタッフ会議で、ちょうど太平洋を単独横断した直後だった鹿島郁夫とコラーサ二世号に題材をとったオリジナルな舞台を、フェスティバルホールの規模と機能を使って企画しようと決まった。2部構成の第2部90分を、「合唱組曲・コラーサ二世号　孤独の海の101日」と題して、新曲16曲で構成するのだが、その仕掛けはどんどんふくれあがった。

背景のスクリーン8m×12mには全面に波模様を描き、照明が太平洋の日の出、日の入り、暗夜までを描き出す。暴風雨の日あり、べた凪ありと海上の模様が移るなか、ダークダックスが歌い継ぐというもの。さらに単独横断のニュースフィルムから120秒をレンタルして背景に上映、効果をねらった。

エンディングでは、現物のヨット「コラーサ二世号」（長さ5m×高さ9m）と傍らに鹿島郁夫本人が立って、フェスティバルホール独特のスライドステージで下手からゆっくり登場させるというクライマックスがあった。

東京で新曲の演奏を録音してからダークダックスのコーラスリハーサルを重ね、広大な大道具会社のスタジオでスクリーンにエアコンプレッサーで吹き付けて波を描き、テレビ局からはフィートいくらでフィルムを借りて編集し、海から太陽が顔を出す時など重要な局面の効果音を録音スタジオに詰めて作成するなど、各所に立ち会って身体がいくらあっても足りないような体験を味わった。

僕は制作担当と舞台監督を兼ねた立場だが、経験不足をずいぶんスタッフの方々にカバーしていただいたし、制作費もかなりオーバーして大阪に帰ってしぼられた。終わってから、大道具製作会社には、値切る理由は何もないのに、何とか安くしてほしいと泣きついたりもした。

《PM11月例会》

ダーク・ダックスを囲んで合評会

■フィルムが少し短かかったです。

あのフィルムを借りるのにはぼう大な金がかかったのです。朝日の方と大変な交渉を重ねて，やっとあれだけ貸してもらえたし，それも相当高額で。それから，台本をよくするといっても限度があります。ダークは今まで何度も合唱組曲に取りくみましたが，組曲はまず題材をみつけることですね。それが一番です。今度の場合，題材自体に少し弱いところがあったようです。

■僕たち例会の前にテープを聞いていたんですが，それに比べると今日のは，非常によくなっていますね。

そうですね。音楽に加えて，視覚的な要素も加えて舞台にのったところを考えて作られますからね。音楽について言えば，メロディーは美しいのですが，まん中あたりに美しいものが並びすぎた感じですね。

■私の友だちがみていて舟酔いしたといっていました（笑）

1967年11月例会「ダークダックス」。「新音楽」より

例会の制作はほとんど東京での仕事になった。大阪労音は四谷にアパートを借りていて東京での制作に対応させていたが、多いときは4、5人が泊まり込んでいた。そこから赤坂や六本木での打ち合わせやスタジオに出かけるのだった。

ここでずいぶん滞在した。仕事がうまくいかず、一人で何日も泊まり込んで、鬱々としたとき、同僚が大阪からやってきたときの救われた気持ちも思い出す。

東京での作業を仕上げ、公演前日の道具や照明、音響の徹夜仕込みが続くフェスティバルホールに駆けつけて合流した。

会員数に見合っただけの会場がない状況で、ホールの有効活用というか、1日でも本番に使いたいために、音響、照明、道具の仕込みは初日の前日から徹夜が普通だった。

舞台裏や舞台は数十人がそれぞれの分野で働いて、終了すれば適当に寝る場所に引っ込むのだが、全分野全行程を見守る舞台監督は最後まで現場にいて休めない。たいていは明け方ロビーのソファでうとうととして、朝9時からの音響チェック、照明チェックに立ち会う。会場入りする出演者や演出以下のスタッフとの調整にも追われる。

午後1時から通しリハーサル（ゲネプロ）が始まり、現場指揮に立つのだが、時には演出家の怒声が響くのだった。ゲネプロを無事に終えるともう本番の時間が迫っている。そして幕が開く。息つくヒマもない緊張だった。

初日の緞帳を下ろした時の感極まった瞬間……。客席からは鳴りやまぬ拍手が……。

このハードな2か月は涙なくしては思い出されない。

吉永小百合の舞台と「志乃の歌」

さて、68年3月のミュージカル『天国にいちばん近い島』が終わってから、5月に担当した「吉永小百合リサイタル・志乃の歌」もことのほか思い出深いステージだ。

台本・作詞・福田善之、作曲・林光、演出・観世栄夫、美術・阿部信行、照明・今井直次、効果・田村悳、舞台監督・岡村春彦。出演は吉永小百合と米倉斉加年。

東京に行く前は、吉永小百合と仕事をするのだという思いが高まったが、スタジオ入りしてリハーサルが始まると淡々と進行していく自分が不思議だった。

2部構成の第2部創作ミュージカル「志乃の歌」は、三浦哲郎作『忍ぶ川』を題材に福田善之が台本と新しい歌を書き、林光が作曲した。

小料理屋の「忍ぶ川」で働く志乃（吉永）と知り合った私（米倉）。

志乃は父の死が近づいていること、その前にひと目会ってほしい、父は寺のお堂に住んでいることなどを私に打ち明け、一緒に志乃の家を訪ねるのだった。志乃の父親は死の床でつぶやいた。

「いい男だよ……」。

結婚を決め、私はふる里雪国へ志乃を連れて帰った。

結婚式の翌日、新しい朝を迎えた。

(阿部信行の美術プランである1枚の障子が客席にむかって舞台センターに立っている)

二人は立って障子をそうっと開けると、眼前は一面雪景色だった。

1968年5月例会「吉永小百合」のステージより

掻い巻きを羽織って立った志乃が歌う。

いちんちなんべん
「はい」っていうかしら
いっしょうなんべん
「いいえ」をいうかしら

「はい」はたていと
「いいえ」はよこいと
女のいのち　女のいのちを
織ってゆく

お日さまに「はい」
あおい空に「はい」
焼夷弾に「いいえ」
戦争に「いいえ」
お金と　ウソと　そら涙
世界にむかって

「いいえ」
あなたにむかって
「はい」
いっしょういちどの
「はい」
ちいさな　ちいさな　いのちの「はい」

（作詞・福田善之　作曲・林光　公演台本による「はいといいえの歌」より）

「ドキュメント沖縄」、「佐良直美」例会

68年6月例会「ドキュメント沖縄—高石友也・中川五郎・岡林信康・フォーククルセダーズ・阪大ニグロ合唱団・フォークキャンパーズ・みやらびシスターズ・関西合唱団」が開かれた。

64年雪村いづみ例会で、会場全体で歌いあげるフーテナニーを初めて試みたり、モダンフォークソングを紹介して以来、大阪労音は、ジョーン・バエズ、ピート・シーガー、オデッタ、フェニックスシンガーズ例会や、大阪労音フォーク愛好会、ＢＯＰの会など様々な形でフォークソングに取り組んできた。

1967年1月例会「ジョーン・バエズ」のステージより

今回はまた新しい企画だった。高石と中川を沖縄に派遣して現地を実際に見て歌作りを委嘱するという試みと、うたごえ運動の関西合唱団を加え、演出・道井直次。これは樋口浩の企画だった。

中川五郎は新しい歌「俺はヤマトンチュ」を作って、まだ復帰前の沖縄、地元の人の視線の中での本土から観光にきた人々の行動を批判的に描き、また「思い出しておくれ」では「沖縄の島は荒れ果てた／祖国日本を守るため／俺の死はムダだったのか」と歌った。

8月例会「佐良直美」も担当した。東京のオールスタッフプロであった企画会議で創作パートについて話しあっているとき、佐良が「お化けはどう?」ともらした。それに素早く反応した演出・砂田実、構成作詞・藤田敏雄、音楽・いずみたく。「怪談組曲」が決まり、何曲か新曲が生まれることになった。

フェスティバルホールで幕が開くと、台座の上に立ってMCを始める佐良。舞台には何カ所か他にも台座があり、楽器が置かれている。スポットライトの明かりが上からすうっと楽器に差すと、奏者のまだいないそれらの楽器からチューニングの音が鳴り始めた。そこへ電話が鳴った。佐良がとるとその奏者らが救急病院でいま息を引き取ったと……。会場中が一瞬凍った。

突然暗転。暗闇のなか、佐良と、いつのまにか台座の上に立った全奏者に、足元から真上に光がのぼってメンバーが暗闇の中にぼうっと浮かび上がった。客席から悲鳴が……、そして演奏がスタートした。

照明・今井直次。編曲・渋谷毅、舞台監督・黒田益弘。オープニングアクトは「恋の季節」がヒットする直前のピンキーとキラーズだった。

機関誌「新音楽」の編集に取り組む

大阪労音は全会員に毎月機関誌「新音楽」を配布していた。B5判32ページで、差し替え部分に各例会プログラムと、共通ページで次の例会告知や各種記事・情報が載った月刊誌だ。

1967年体制でPM、CM、KM、YPの各グループに分かれた時から、「新音楽」も別々に発行することになり、判型を会場で配ってハンディで見やすく持ち帰りやすいB6判に変えるなど各グループが独自性を出した。

僕はPMグループの一員になって、毎月の「新音楽」の編集や例会ガイド、パンフレットなどの編集制作にも携わった。PMグループはB6ヨコ判を採用した。

「新音楽」は基本的には例会プログラムなので、出演ミュージシャンのコンサートに対する抱負や意気込み、演出・構成などスタッフから例会のねらい・鑑賞どころについての寄稿・インタビューで構成されていた。また音楽評論家や新聞記者からの評価・解説も加えられた。巻末には各機関の動きの告知ページもあった。制作面では集まった原稿をデザイナーとの共同作業でレイアウト・出稿・校正し、印刷所との進行・折衝・完成までが仕事の範囲だった。

デザインと表紙絵は新たに田端伸行デザイナーに委嘱し、他のグループにはない独自性が出せたと思う。

ページにほとんど余裕はなかったが、何とか連載が組めないかと考えて、毎月の例会のスタッフをながめていたら、出演者や構成・演出スタッフは当然ながら例会毎に変わっていくが、照明プランナーの今井直次だけほとんどのステージに関わっていることに気づいた。氏はショーやコンサートの舞台照明の第一人者で、大阪労音の舞台もずいぶん長くファンも多かった。それで、いままで携わった思い出深い例会について書いてもらった。

1年間の連載だったが、こんな形は珍しかったと思うし、評論家や文筆を職業としていない人に原稿を依頼することの面白さや意外性は、1994年に創刊した「雲遊天下」での編集姿勢にまでつながっていると思う。

しかし、1968年8月からは効率の点で一部見直しがあり、各グループの宣伝担当を統合する宣伝センターが新設され、僕はそちらに移ることになった。舞台監督の経験は短期間だったが、多数のスタッフキャストが関わる総合舞台芸術の裏方業としてはその後もずいぶん役に立った。

「新音楽」編集担当は1969年5月に大阪労音事務局を退職するまで続いた。この雑誌作りの経験は将来の方向を定める上で貴重な経験になった。

第3章 具体化する新規事業案

「新規事業案」具体化の討議すすむ

1968年6月9日、第13回大阪労音定時総会が開催され、新年度の方針の概要が確認されたが、ここにはまだ再建案・新規事業は含まれていない。局内での審議は、4、5、6月の事務局会議、組合大会、執行委員会で頻繁に続けられた。今後の大阪労音のあるべき姿、体制、事務局員の生活保障など詰めなければいけない問題はまだまだ明確にはなっていなかった。

6月2日事務局会議での「現状の把握と改革の方向」という焦点を絞った率直な次・部長会議案が事務局会議で出た。以下にみてみよう（以下は要旨）。

・音楽鑑賞組織は衰退を続け拡大の見通しがない。財政的には膨大な事務局機構を会員組織が支えきれず赤字を累積している。

・この状況を打開するためには、①音楽鑑賞中心の運動組織が一定の限界に達したことを認識し、組織をふさわしい規模に定着させて再出発し、②運動の幅を音楽周辺にまで広げ積極的に新しい活動を展開する、③組織の拡大と財政的安定を図ること。

・労音のイメージは広く文化・レジャー全般に拡大され、音楽・演劇・演芸・映画・リクリエーション・出版・販売などが含まれることになる。このような方向での体質改善以外に根本的に建て直す道はない。

（略）

・1970年大阪万博の影響として、フェスティバルホールが半年ほど使えなくなり、その他のホールのコストアップと、多数の来日ミュージシャンの公演により労音例会の魅力が相対的に薄れることが予想される。

（略）

・「会員数の目標を1969年に5万人」として、現在58名の事務局員を、音楽鑑賞運動で25名、新規事業活動で33名に振り分ける。

・新規事業は、労音運動の強化発展と事務局員の生活保障の両面を統一した形で展開する。勤労者市民の文化的生活を豊かにする消費生活協同組合的な発展を長期展望にもつ。

・新規事業としては、労音会館と各地に労音サービスセンターを開設し、出版センター、会計センターもスタートさせてそれらを拠点にして、音楽・文化教室、楽器店・書店、喫茶店、会員窓口サービスなどの活動を行う。

・一方労音事務局本体も、経理部門や会員窓口部門、例会制作、宣伝などの業務をできるだけ外部方式（新規事業に委託）にする。

・スケジュール……6月討議・決定、7月労音会館とサンケイビル、フェスティバルホールにセンターを開設、8・9月具体化、10・11・12月実施。

それは、音楽鑑賞部門と新規事業の具体的な姿と実行スケジュールの提案だった。また、討議の中で、労音会館や労音サービスセンターに対する資金計画や、新規事業に貸し付ける運転資金などの数字もあがった。

これを受けて組合大会は6月20日に開かれた。組合も現状の認識と改革の方向では一致したが、組合員の生活保障の視点が加わった。（以下組合大会議案書部分要旨）

・労音運動が直面した最大の危機であり、事務局25名規模と新規事業案は事務局体制の一大変換である。

・同時に25名事務局という労音運動の中核部隊のあり方、鑑賞運動のこれからの方向などについての討議も十分なされるべきだ。

・新規事業をめぐっては、基本的な性格を危機による単純な解雇ではなく、資金的裏付けをもって事業を成功に導くべき生活保障でもあるととらえる。

・新規事業が鑑賞運動との関連で立案される場合と、退職する事務局員の生活保障的側面で事業範囲をどこまで広げられるのか、という問題もある。それぞれの場合の事務局員の身分の異動が生じるのかどうか、それはいつの時点なのか。新規事業に投下される資金の諸条件について、など。

以上を次・部長会議に対して明らかにするように申し入れた。

事務局案を三役会議に提案

これまでの討議を加味して、6月24日事務局会議で機関に提案する「新事業方針」として決定した。引き続き開催された組合大会では、希望退職の場合の退職金＋αの要求を加えた。これを翌日の三役会議に出したが、6月27日事務局会議ではその三役会議での審議の経過が報告された。三役会議とは、運営委員会委員長、副委員長、事務局長の三役で構成され、運営委員会で審議する議案を決定し、運営委員会から付託された事項を審議する常設の執行機関のこと。

今回の三役会議によると、事務局提案の「新事業方針」について、現状分析と改革の方向は同意できるも、会員や社会的見地からみて制約もあるという意見が出た。資金計画を再検討すること。希望退職を募ること（退職金＋α）は了承。などが話しあわれたようだ。

引き続きの組合大会（この時期は事務局長が退席すれば大会が成立した）を開き、新規事業問題を集中して討議した。退職して新規事業に移った場合の身分保証と組合がバックアップ（退職金＋α、健康管理、職場復帰、相互補助）できるかどうか。新規事業を軌道に乗せるための運転資金貸付金の条件などを討議した。

7月3日事務局会議では三役会議の意向にそって条件を見直し、しかし組合としての要求はするということを確認。また、三役会議の機能・権限を強化する必要があるという意見も出た。

7月4日組合定期大会。今年度の組合目標を、生活を守り、働きがいのある職場を作ることにおく。組合員は今後新規事業参加者、転・退職者、残留者の三つの立場に分かれるが、それをどのように決めるか、またそれぞれの課題と要求を具体化。再建計画の実現プロセス、新規事業の条件などを討議した。

7月10日、運営委員会で基本方針が決定された

7月10日三役会議。続いて運営委員会開催。提案された再建案・新規事業案が決定された。また三役会議を強化するために事務局次・部長が三役に移り、同時に組合から外れることが決まった。そのメンバーは薬師寺春雄（事務局次長）、矢倉豊、中野実、新井玠（以上部長）。

再建案の基本方針と実施スケジュールは決まった。また購入する労音会館は西区阿波座にあるビルに決定。事務局移転は8月25日と9月1日で実施も決まった。

7月17日三役会議と組合執行委員会の初の話しあい（団交）がもたれ、新規事業に移る際の身分保障問題や決定に至るルールについて話しあった。

新規事業に関する資金計画では、入会金を積み立てた基金を労音会館に替えることが出たが、一部委員から会員の財産を移動させることの危惧が出され、三役会議が苦しい立場に置かれることを予想するむきもあって、それが態度変化（新規事業条件のダウンや新規事業希望者の範囲をせばめる

など）に現れてきた。実際、のちに「会員財産の取り崩しだ」と問題をすり替えられることになった。

いずれにしても再建案の成功には、大枠を決めて三役会議に一任し、事務局移転と同時にすべてを決行してしまうというスピードアップが必要だとの認識で一致した。

また、会員数5万人と事務局25人想定や、新規事業は労音会館（西区阿波座）と出張センター（サンケイビル、フェスティバルホール、東大阪、千里）において展開し、当然ながら労音運動の一翼を担うことに変わりはないこと、新規事業への参加者は自発的積極性を尊重する、などが確認された。

加えて、新規事業に対する固定資産投資と流動資金貸付、新規事業従事者への生活保証枠についてなども話しあわれた。並行して希望退職を募る（退職金＋α）ことも決まった。

実行態勢、新規事業立案を加速

7月18日～31日、断続的に事務局会議、組合集会、組合大会、執行委員会が開かれた。再建案・新規事業案が決まり、事務局員は新規事業計画（出張センターと運送業、喫茶店、レコード店・書店などプランは出はじめていた）を早急に出さなければいけない事態になった。

しかし、自分の進路を決めること、新規事業にいく場合は自分にとって何がやりたいか、やれるか、方向が決まってもその具体的なプランを出すには時間が足りなかった。経験もないなかで資金計画も容易には出せなかったし、ましてや成功への道筋も描けなかったのが実状だろう。

運営委員会は具体的な案が出るのを待っている形になった。組合としては総枠を拡大し、実行期限を延長することを要求し続けるしかなかった。一方で三役会議は条件面で後退していきつつあった。

そして、事態は順調に運んでいるかにみえたが、ある時期から突然のように運営委員会の審議がストップしてしまった。

第4章　機関審議が止まる

運営委員会での審議が止まった

運営委員は、前述したようにサークル代表者から選出された委員の中から立候補や互選で選ばれたが、純粋に音楽が好きで、より多く深く鑑賞したいと思う委員や、組織の世話や会員拡大に日常的に熱心に取り組もうとする委員、あるいは大阪労音全体の方針や総括により深く関わろうと活動する委員など様々だった。と同時に、大阪労音の成り立ち、職場や組合の文化面での関わりを考えると、また大衆組織の常として外部からの政治的な影響力も強かった。

運営委員会、三役会議、事務局の執行3部門は、常に芸術派、生活・常識派、政治党派（複数）、無党派、穏健派などで構成されてきたし、そのバランスの上で方針や運営が進められてきた。各都道府県に労音はあったが、バランスを維持できている、というか芸術派、穏健派・無党派が多数を占めているのが大阪労音だったし、それが18年間きわめて評価の高い音楽会を実現させてきた最大の原動力だったといえる。ここでその成果を並べることはしない。

ところが、今回の再建案・新規事業案を運営委員会でいざ討議にかけようとすると、一部運営委員から会員の財産を取り崩すという指摘が出され、三役会議が一任で進めようとしたことに対して、大衆討議が必要だ、また十分時間をかけるべきだとの強硬意見が出るのだった。それで事実上、実施計画がストップしてしまった。同時に運営委員会内での権力争いになってしまった観もあった。

こうなると政治闘争に長けた勢力は強く、無党派、穏健派は審議再開を強く主張しても強行することができなかった。

しかし事務局組合も黙ってはいない。この案が現状打開・再建案のベストであるという認識は変わらなかったし、同時に我々の生活がかかっているのだ。以降8月からは、組合は前面に出て、今回の再建案・新規事業案を潰そうとする勢力に対して全面的な闘争を開始することになった。

組合が事務局次・部長会議に審議促進を申し入れ

1968年7月26日、組合は（三役入りして組合を離れた）事務局次・部長会議に対して以下の申し入れを行った。

1か月前に部長会議が提案し、事務局会議で決定し、組合も同意した再建案・新規事業案を、三役会議で早急な審議をする過程で諸条件を後退させている件、労音会館早期購入にみる民主的討議の不足、部長が三役会議入りしたのは当初計画を確実に実行させるためであった。改めてこれらを運営機関に反映させるよう要求する。事務局を信頼し、民主的な運営ルールで一致団結して大阪労音を再建しようではないか。

並行して組合は、

「ここ数か月取り組んでいる計画は、当面する主要課題として財政的危機の解決だが、労音運動の本来あるべき鑑賞運動の変革、時代に正しく対応した運動理念についても常に討議を起こし、全体の英知を結集して新しく創りだす努力をしよう」と、討議の場を保障するために「別冊クミアイニュース」を発行した。その第1号には「労音運動変革のための問題提起」（木村聖哉と樋口浩）を載せて討議を促した。

このころは有志による各種研究会が頻繁にもたれた。もちろん新規事業計画についても志を同じくする者が集まって生活をかけた話しあいが続いていた。

しかし7月31日の定例事務局会議では再建案は議題に上がらなかった。機関での審議が止まっているのだろう。そして新しい事務局体制に移行した。

系列体制は「CM」「PM」「YP」「KM」を継続したが、各グループにあって重複する業務を集約する「企画センター」「宣伝センター」「会場管理センター」がプロジェクトとして独立し、前述したように僕は宣伝センターに移った。

業務部門は「総務・経理」「受付（会員窓口）」「企画室（調査）」「日割券センター」など。新しく「新対策部」がスタートし24人が移った。これを見ると例会鑑賞部門をとにかく25人体制で担ってみようという布陣のようだ。

8月になった。再建案・新規事業案の実行についての審議は止まったまま、月末には新しい労音会館がスタートし移転するという事態になった。

組合が三役会議に審議促進を申し入れ

8月15日、18日の両日「7・26 申入書」に関して組合執行部は三役会議と話しあい（団交）をもった。三役会議の一員Y運営委員＝副委員長の意見は以下の通り。

〔再建案・新規事業案は総会方針・規約を逸脱しないことが前提である。条件がそれほど後退しているとは思わない。双方の差は大きくないし討議の続行は可能だ。再建案の執行は委員総会で確認後にするべきだ。〕Y運営委員は日共系勢力を牽引するリーダーでもあった。

8月20日に運営委員会と組合執行部による話しあい（団交）が開かれた。が、話しあいは平行線のままだった。運営委員会の日共系委員対組合執行部の対立があきらかになり、無党派・穏健派をそれぞれがどう取り込むかという構図だった。一方で希望退職を募ることは実行されていた。

8月25日の事務局移転を目前にして23日に事務局会議が開かれた。1か月間の経過報告があったが、振り返ってみれば会議の連続で得るところは少なかったと言えそうだ。運営委員会で審議がストップしていることで報告のしようがなかったということか。

事務局員で新規事業をやろうとする者にとって、機関決定が出ないので計画は机上プランのみに留まり、討議の対象になる計画を出しようがないという困難を訴える声があった。また運営委員会と事務局の関係悪化がマスコミに漏洩するなどの懸念が出された。

民主的に運営されている組織・団体の場合、方針の決定に至る道は機関の討議を経て一致を目指そうとするものだが、決定に至らない場合は内部分裂になってしまう。その歴史は現在まで繰り返し起こっている。

三役会では一応決定をみることはできていた。しかし運営委員会に議案としてあげても決議できなかった。党派と無党派・穏健派の数が伯仲していたのだ。

このまま審議未了になりそうな雲行きだった。あるいは実行を先延ばしするか。しかし実施時期を遅らせていくことは、新規事業を進めることがより困難になり、外部に漏れることで不協和音は大きくなることが予想された。

そもそも現在の再建案・新規事業案は事務局次・部長会議の立案でスタートしたわけだが、三役会議では決議できても運営委員会で成立させることが可能だったかどうか。その見通しを持っていたのかどうか。通すためのプログラムをなぜ作らなかったか。またいったん否決されそうな場合の修正案なり妥協案を用意する必要はなかったのかどうか。機関決定の方式を検討することもできたのではないか。組合執行委員会内でそんな意見も出た。

いずれにしても白紙撤回はありえない。事務局内での一致団結、運営委員会との関係改善、慎重に行動しようと確認しあった。

審議が止まる中、新事務所へ移転

さて、事務局の移転と再編は8月25日と9月1日の2回に分けて実施された。

事務局本体は阿波座の労音会館へ移転。それまでのサンケイビルの部屋は撤収までのあいだ事業部の音楽教室や合唱団の練習に使う。会員窓口は新朝日ビルのフェスティバルホール入口並びの部屋に統合。音楽教室などは都ビルを継続。それと発送分室は維持。人員の移動は9月1日だった。

8月26日組合執行委では、再建案の一方の柱である不動産購入が決まり事務局移転が実行されるのをみて、時間的猶予はなくなったと、運営委員会に対して現状の行き詰まりの議事促進を働きかける直接行動をとることを決めた。

その件をめぐって8月28日職場集会、8月29日・30日両日事務局会議を経て組合大会、31日組合大会と連続して開催した。

1968年9月1日移転完了。

9月3日三役会議と組合執行委とで団交。三役会の見解として以下の項目を確認した。

1　7月10日に運営委員会で確認したことは公式に生きている。

2　三役会議としては討議を続けて統一を図りたい。白紙撤回はありえない。

3　次の三役会議で方針を確認して執行していきたい。
4　現在計画を実行する上での具体的な問題が残っていると理解している。
5　新労音会館の決定と移転について組合と相談しなかったことに関しては謝罪する。

Y、U案が審議をストップさせていた

この段階で、再建計画を巡り三役会議案、組合案に加えて、Y運営委員・副委員長とU運営委員から対案が出ていることが明らかになった。その骨子は以下の3点だった。

1　全事務局員は組織拡大に従事して取り組む。
2　会員財産は保全する。
3　委員総会を9月29日に開催予定で、再建案・新規事業案を審議し、総会で決議する。

このことで、組合と運営委員会で合意した再建案・新規事業案をくつがえそうという意図でもって審議をストップさせているグループがあるということがあきらかになった。

組合は現状に対して早急に対応を検討した。9月9日、舞台関係者の常宿になっていた旅館に泊まり込んで事務局会議と職場集会を開いた。

事務局指導部、次・部長会議はこの段階で、現在の個々に立案されている新規事業を「労音サービス株式会社（もしくは社団法人など）」で一括して外郭団体にまとめる案として再提案を表明。

これで労音会員に対する大義名分を打ち出し、実行スケジュールは遅れたが団交の合意点は生きているという考えだった。

団交の再確認として12日に三役会議、13日に運営委員会で全般が討議された。13日には同時に組合執行委員会を開催して機関討議の刻々の内容に対応策を検討した。

第5章　闘い開始

今後の容易ならざる闘いに、執行委員会も戦術を再検討し、一層の事務局の団結を強め、再建案・新規事業案の理論的補強を図り、事務局次・部長指導部を不退転でバックアップし、三役を説得することを確認した。

また、現状は猶予ならない事態と考え、全運営委員一人ひとりに直接働きかけようと決めた。

以下は「アピール」(全文)。

運営委員個々に直接アピールを送る

「運営委員の皆さんへ」

大阪労音事務局労働組合　1968・9・15

一　わが労働組合は、一貫して運営委員、委員、サークル、会員と団結して、大阪労音の発展、強化と、自己の生活条件の向上を目指してきました。とくにこの数年、会員数の停滞、減少が目立ってより、できる限り生活をきりつめ、自己犠牲の精神を発揮して、労音運動を支えてきました。それは運動への熱意と運営機関への全面的な信頼にうらづけられてきたものであります。

――労働条件悪化のプロセス――


1965（S40）12月　残業の代休ふりかえ奨励。

1966（S41）4月　休日出勤については、25％のみ支払い。他は代休へ（労基法違反）。

　6月　物価上昇（政府統計）の半分のみ賃上げ。

　　役職手当返上→労音へのカンパ。

1967（S42）6月　10月　15時間以上の残業切り捨て→代休へ（労基法違反）。

　賃上げなし。家族給一律500円up、
　住宅手当3000円～1000円、残業20時間迄引上げ。

1968（S43）1月　残業時間数の80％支給、残り20％の25％は支給せず（労基法違反）。

　4月　残業時間数を更に10％カット（労基法違反）。

二

とくにこの春以来、総会へ向けての討議もふくめて、運動再建と生活防衛を両立させる立場から真剣に討議を続け、その中で、今日の大阪労音は一般管理経費120円、宣伝費40～70、80円に特徴的に見られる如く、財政的に破綻をきたしており、その抜本的対策なしには、「良い音楽」への大胆な追求はおろか、ごく平凡な例会を「安く」やることも不可能に近いことを実に苦しい思いで確認致しました。

三　同時に、財政面のみにではなく、例会活動そのもののなかにも危機があることを理解せぬわけにはいきませんでした。

それは多くの会員が総会などの中で指摘したように、圧倒的なマスコミ文化の洪水のなかで、そのワクをはみだす創造的なもの、音楽観、人生観にショックを与える斬新なもの、総じて音楽の生命力をくみだし、生活を豊かにし、人々の成長の糧となる「労音らしい例会」が非常に少なくなっていることにあらわれていますし、またこれが、多くの会員の自主的、自発的な要求を正しくくみあげる組織活動が極めて不十分であることと表裏の関係であることも自明の理であります。

四　このような認識に我々が一致してきたちょうどそのとき、運営委員会は、鑑賞組織○○名／希望退職／新事業への展開を骨子とする再建計画をわが組合に提起されました（7月17日）。

われわれは、あらゆる意味で緊急な打開を迫られていること、運営委員会は8月31日を一つの目途にしていることを重視し、とくに新分野の開拓→運動の多様な発展については、直ちに準備、下交渉に入らなければ成功がおぼつかないと考えました。7月21日以後、その方向で全力をあげて関係業者等との交渉に入り、一方、組合としても基本的に三役、運営委員を信頼して条件交渉のみを残すかたちで「理念として同意」することを明らかにし、今次計画成功のために全力をあげてきたのであります。

ここで我々は、とくに新事業あるいは退職を決意したわが組合員のこころを、運営委員の皆さんに十分くんでいただくよう要求する権利があると考えます。この決意は、自らは敢然と苦境に挑み、一生涯をかけた労音運動から一時身を引くことによって、労音を周辺から支えようとする重大な決意であります。その運動の情熱において残留希望者に劣らないのみならず、運動のためにする自己犠牲の精神は、運動参加者全員が、その範とするべきものであります。

周知のように、わが運動にとっては人材こそが運動の財産でありますが、平均してキャリアのある各分野のベテランが、自己の人件費が労音会員の中に占める比率が、相対的に高いことの自覚のうえに立っての決意であるだけに、我々は、どんなことがあってもこれを守り、その成功のための条件をつくりあげることが、運動の精神であると確信しております。運動の多様な拡大の視点にたてば尚更であります。

こうして我々は運営機関を代表する三役会議との団体交渉に入り、以下の如く次々と合意に達してきました。このことは、今次計画の成功的実現の道に完全にそったものであるが故に、そのイニシアチブを発揮された運営委員の皆さんの完全なる賛同と歓迎を受けるものと確信している次第です。

五

組合要求

全体について

①基本的な考え方において、組合・運委とも合意に達す（8／1）

②運委と組合内部（とくに三役会議と組合執行委との団交）で問題を処理・解決する（7／17）
③個人的に、私的に問題を外部に持ちだすものには除名を辞さない（組合7／24）
＊団体交渉による合意点
①②③解決ずみ

事業計画について

①固定資産
②流動資金の総枠は○○とすること
③準備期間を1969・3末日までとすること
④その期間の給与相当額を一括で支払うこと
⑤参加意思表示最終を10月1日とし若干のズレを認める
⑥審査に際しては、組合員の生活を守る立場に立つこと
＊団体交渉による合意点
①②③総枠は○○とする。権利金（含設備）も投資枠のなかで考える（7／17、8／1）
④一括支払いも可能（7／17）
⑤最終10月1日とし、了解がついたものから事業にとりかかる
⑥労音との関連の有無によって貸付基準その他の差別はしない（7／17、8／1）

転・退職について

①鑑賞（部門）希望者が○○名を越えても強制的人員整理はしない

②7月18日以降の退職者はすべて「労音都合」とみなす
③7月18日以降の退職者で新規事業に参加しないものには、新規事業参加者の生活保障分に見合うプラスαを支給する
④退職金規程のスライド及び年休代休の処理
＊団体交渉による合意点
①全員に希望退職の呼びかけをすることはあるが、強制的・個人的な人員整理・退職勧告はしない（8／1）
②同右（7／17）
③同右の方向で三役会議として再検討のうえ、討議を続行する（8／20）
④従来の慣行どおり（10年以上、年休・代休の消化）とする（7／17）
ベア
①1968年4月1日にさかのぼり一律5000円のベースアップ
鑑賞組織の労働条件
①「9月以降改悪したい」との提案は撤回されること
②退職金は留保される
＊団体交渉による合意点
①とくに改悪しようとの意図をもつものではない（8／1）
②同右

全体について
①これまでの運委提起の条件及びルールについて変更のないことを再確認する（8／15）
②この計画を運委・労組の両者で成功させ、前へ一歩すすめる方向で組織手続をふみ執行する（8／15）
③以上の団交合意点を確認し、これを遵守・実行するために全力をそそぐことをここに再確認する（9／3）

六

しかしながら、三役会議全員と組合全員との完全な一致が、8月中次々につみ重ねられながら、一方で、団交合意のスケジュールが次々とくつがえされ、当初、計画が全面的に実行に移されるべき日として区切られた9月1日を過ぎて、更に2週間以上経ちました。

この間、運動再建への情熱のなかで、我々の一人一人がさまざまな思案熟考の末、家族ぐるみの重大な決意に達し、各種新事業の準備を進めてきたわけですが、これらは今、重大な困難に直面しています。

各種業者との何回もの交渉の末、相当有利にまとまりかけた事柄について、いずれについても決定に至らない、いや決定することができない、こちらから話をもちかけておきながら煮つまった段階でこちらが引き延ばさざるを得ない、すべての交渉、すべての計画は宙に浮いている、そのことによって担当事務局員の社会的信用が著しくそこなわれ、大阪労音自体の社会的信用に大きな傷がつく、更に事業に着手せんとした箇々の事務局員の進退も宙に浮いている……

七　わが信頼する運営委員のみなさん

まさにあなたがたが決定し、提起された再建計画にそって、我々が最大限誠実に決意し、働いた結果、右に述べた如き不幸が起こっているのです。

あらためて、運動への責任、われわれの生活への責任を強く自覚されるよう訴える次第です。

運営委員の皆さん、あなたが今ここで当初提起され、それにもとづいて決意と準備、そして団体交渉がすすめられてきた今次再建計画を対案もなしにズルズルと放置する立場に立たれるならば、まず第一に、わが組合は団交成立事項の不履行という重大な侮辱と生活の破壊に甘んじることなく法的措置を含むあらゆる手段に訴えて過ちを正す努力を展開するでしょう。

第二に、明確な再建の見通しもなく、道理も原則もなしに大混乱を起こしたことの責任を免れることはできないでしょう。

第三に、大阪労音における組織運営原則は一片の反故とされ、今後の運営にとっての重大な障害となります。

このようなことで20周年を成功裡に迎えられると誰が考えられましょうか。

八　わが組合に、運営委員の皆さんが労音運動の明日を決定せんとする今この瞬間にもいたずらに右顧左眄することなく、自己の良心以外の何ものにもとらわれることのないキッパリとした判断をくだされるよう強く要請いたします。

そして運営委員会が提起された今次再建計画について、その後の進行状況をつぶさに検討し、確認されること、とくに各種新規事業計画及び団交成立事項について、早急に確認されるよう要望いたします。

最後に、あくまでも団結のかたいきずなを守り、育て、強化して、それを阻害するものとは厳しく闘いつつ、大阪労音の再建成功の日まで共にがんばりましょう。

運営委員を個別訪問し審議再開を訴える

以上の文章を運営委員全員に送りあるいは手渡し、その後に個別訪問する。一人の運営委員に事務局員3人組を割り当てて会い、意見を聞き、再建案の支持を訴えようという計画だった。引き続き組合執行委員会、拡大執行委員会、組合大会（9月17日）を連続して開き、この闘争について決議し、1週間の期間を決めて決行した。執行委員会は24時間態勢で本部を設置し、執行委員が回り持ちで詰めて不慮の事態に備えた。

当時の運営委員37名の一覧表を作成し、強硬反対派・党派・中間派・賛成推進派に区分けして、中間派に重点をおいて話しあいを持ち、強硬反対派とは論争になった。

僕の訪問は賛成推進派にあたったので、それほど厳しい局面にはあわなかった。事前に、三役会議や事務局指導部批判をしない、個人的意見をいわない、関連しない問題は避けるなどを申し合わせていた。

しかしこの闘争で大阪労音は明らかに新たな局面に移ったようだ。ここまで牽引してきた樋口浩委員長率いる執行部の指導性が格段に強くなった。執行部は、大阪労音の発展を目指し、かつ自分たちの生活（残るにせよ去るにせよ）を維持するために、この再建案・新規事業案を実行する以外に方法はない、また待ったなく決めてしまわないとダメだと一貫して説き続けた。厳しい闘争だと組合員一人一人が身の引き締まる気持ちになった。また運営委員もその責任の重さを認識することになっただろう。

個別訪問を総括する

9月24日の組合執行委員会では、前日に開かれた運営委員会の様子があきらかになった。強硬派のU運営委員から「運営委員個人に組合の訪問があったが、どういう考えなのか？」と動議が出た。同じ陣営から「事務局員が生活ばかり言うと正しい判断ができない」「その訪問で運営委員としてはどういう態度をとればいいのか」など組合批判が出た。

再建案・新規事業案についても一部の強硬な反対意見が出たようだ。「希望退職の＋αは期限を早めるべきだ」「民主団体に再就職したらいい」「喫茶店などは反対」などなど。

運営委員会当日は、討議資料と称して「Y運営委員意見書」が配布されたという。当日の議案にはなかったことで正常ではなかったし、これに関しては三役会議の指導性を問いたいところだった。組合執行委員会としては、「Y運営委員意見書」に対する反論を明確にしておくことを確認した。

訪問したことの総括としては、9割方会って色分けがほぼできたこと。賛成推進派の陣営を固めることができたこと。中間派や意見を表明しなかったメンバーには協力要請で一定の関係ができたこと。多数派を形成しなければならない。事務局内の団結は強化された、などだった。

組合と運営委員会とで直接話しあい

次の山場は9月26日だった。事務局会議開催、続いて次・部長が退出して組合大会に移行、その後旅館に移って運営委員会と組合で話しあい（懇談会）を持った。

その時Y運営委員から、現在進めようとしている再建案・新規事業案に対して反対意見が出された。その骨子は以下。

大阪労音の現状、会員減少はここ数か月の問題である。その原因を明らかにせずに対応策がとられていない。財政悪化は会員数の予測間違いにある。専従活動家が人員整理の面のみを考えている。……

（大阪労音の構成単位であるサークルの）58％が1人サークルだ。組織的弱体化が進んでいるが、強くする方針があいまいだ。……

新規事業は運動の強化に役立たない。運送業、印刷業、喫茶店などは反対だ。新規事業への融資は、大枠の中で、会員の納得のいく範囲で許される。アルバイトを全廃して活動家を参加させることはできないか。例会赤字の縮小を計るべきだ。

再建案・新規事業案に対してY運営委員と運営委員会の特定の勢力が反対して、討議続行ができなくなった。

9月30日組合執行委員会では、これ以上混乱を長引かせないためにも対運営委員会に対して第2弾の行動をとることを決めた。

Y運営委員に対しては公開質問状を送り、緊急アピールを発して個々の運営委員メンバーに直接働きかけることを確認。決行組合大会を10月2日に決めた。

第6章　事務局体制組み替えへ

事務局次・部長が辞意を表明

ところが10月1日の組合執行委員会に衝撃のニュースがもたらされた。事務局の次・部長が辞意を表明したのだ。前日の三役会議で討議されたという。

再建・新規事業計画の停滞、局内の混乱を収拾できない。三役会議も運営委員会と組合が対決する間にあって機能・指導力を失っている。このさい新指導部を選んで課題に取り組んでほしいという理由だった。

N運営委員長は、事務局会議で決定するなら辞任もやむを得ないという意見だという。

それでは、このような事態に至った原因、次・部長指導部のあやまりはどこにあったのだろう。この混乱の原因として執行委員会が分析したのは以下だった。

再建案に対して、日共系の勢力がまったく中味のない対案を打ち出してきたこと、運営委員と三役の一部のメンバーが事態を攪乱していること、に対して次・部長会議は毅然たる態度で決断せず行動しなかったのではないか。運営委員会で了承された当初の段階で一挙に実行せずに躊躇し、三役会議の動向を見て、指導部の中にも曖昧な空気があったのだろう。五分五分の闘いを負け戦にしてしまった。

しかし、次・部長の辞任で新しい方向が生まれることもないだろう。それほど再建案・新規事業案は風前の灯火になっていた。また事務局も労音会館、サンケイビル、フェスティバルホールなどに分散し、局員同士の意思疎通や共同作業、また組合活動にも影響が出てきていた。

次・部長会議の責任を明らかにした上で、全事務局・組合でバックアップしていくしか方法はないだろう。引き続き指導部の任にあたるよう説得し、方針を再確認し、団結することを確認した。

しかし、新規事業案に関しては、運営委員会と組合の団体交渉が基本軸になる。次・部長会議が提案していた新規事業を一括して外郭団体にまとめる案に関して早急に整備する必要があった。

同時に、事務局運営体制も検討する必要があった。当然ながら事務局には毎月数本の例会が動き、その幕を開けなければいけないし、膨大な日常業務も抱えている。事務局は3カ所に分散し、そのロスも無視できない。集中と統一が要求されていた。

事務局次・部長退任と新体制

10月2日、執行委員会は辞意を表明していた指導部、次・部長会議と話しあいを持った。話しあいの結果、

「だいたい皆さんの考えに従う。若い世代が担当すべきだ。ポジションに固執しない。早く離れたい。確執が続くのは心情的に耐えられない」などの意見が出された。

辞任はやむなしとしても、新指導部を選出するに当たってどうあるべきか、再任を妨げない、弱点を確認して克服する、局内の民主的運営などについても話しあった。

10月3日、事務局会議が開かれ、次・部長の辞任が発表された。

「再建案の実行に至るスケジュールの遅れ、外部的原因に対処する、あるいは見通しの力の欠如、事務局員に新規事業や希望退職への道を短期間に決めるように求めるなど運営のまずさもあった。次・部長は全員辞任し一事務局員になる。このさい新指導部を選んでほしい」

10月4日、組合執行委員会と次・部長会議を合同で開催。次・部長会議を解散し、全員組合員になること。そして運営委員会対組合の対決になるだろう。この問題で退職者を出さずに団結すること。三役会には、次・部長は抜けて必要に応じて問題毎に事務局代表を出席させるようにしよう。局内制度として職権の大きさを平等にするよう、同志的結びつきに作りかえること。次・部長の辞任をそう重大な問題としてとらえないよう事務局内の姿勢・意識を変えよう。業務的には混乱を持ち込まないように全員で協力し合って乗りきろう、などを確認した。

「組合ニュース別冊No.２」（68年10月7日）、**全組合員に訴える**

「全組合員に訴える！　現状打開のアピール」

１　事態はますます誰の眼にも明らかになってきた。再建計画の実行を遅れさせている原因が、一部三役メンバーの無責任な反対論にあること、更に徹底的に話しあってこの危機的状況を乗り切らねばならないこと、我々にはその力量があること。

２　我々の組織的力量、その団結と連帯、その行動力はかつてなく強まっていることをまず確認したい。引き続き活動を強める中で、留意すべきいくつかの点について、全組合員の注意を集中されるよう訴える。

３　本部（阿波座）、サンケイ、フェス、堺と事務所が分かれたことから、仕事の上でも、気分のうえでも十分な交流が困難になっている。

例えば七月段階で、全事務局の総力を結集した「ザ・タイガース」例会（のトラブル）処理にも匹敵する「赤軍合唱団」例会（来日延期）処理が、サンケイ組と赤軍担当者におぶさっていること。フェスそして時に本部からの応援がありはするものの、後者については全く組織だってはおらず、非常に不十分な状態だった。

４　こうした事務所間のアンバランスの外、各事務所内におけるアンバランスも皆無とは云えない。細かく数えあげる必要はないとしても、同志的な連帯の中で、現在手薄な部分への自発的な応援態勢が、当然考えられるべきであろう。

とくに問題解決への討議がややもすれば焦眉の財政問題に限定されず、大阪労音の全体にまでひろがり、その中で事務局への批判が、即組合への批判として意識的につなげられるというようなことは、従来の例からみて不本意ながら幾度か行われたし、今後も可能性を持っている。

5
さらに現在の業務体制と密接に結びついた組合の有機的活動体勢の中で、組合員個々の仕事ぶり、何時出勤かわからないルーズさ、忙しい中での長電話等が事実おこるならば、それは現在の組合活動とその目標の実現への重大な阻害要因になりかねないと考えます。

6
我々の組織的力量、その団結と連帯が真に有効でありうるためには、ぜひとも現在当面している以上のような問題に対して、我々の積極的な姿勢でもって克服しなければならない。と同時に民主的組織として不可欠である相互批判のルールを確立させて、お互い行動しようではありませんか。

7
尚執行委員会としては、この問題に主として浅井書記長があたります。それから別冊クミアイニュースでは、各職場からの生の声を聞き出したいと考えています。ぜひ協力をお願いします。（九月三十日）

この「クミアイニュース」の記事を読むと、再建計画の不条理な遅れを正常に戻す行動を開始したとたん、次・部長辞任が飛び出し、また職場の分散など事務局内の環境が混乱して、組合がそれを懸命に立て直そうとしていることがよくわかる。

僕自身は、組合執行部の一員だったので状況の把握もできていたし、日々の業務も興味深くやりがいがあったし、実は私事ながらこの年の1月に結婚したこともあって、精神的には昂揚していて押し寄せる困難にも全力で取り組んでいた。

事務局、新体制をスタートさせる

10月8日、元次・部長らと執行委員会とで話しあいがもたれ、新しい体制の提案があった。新指導部に市村利彦、荒木進。加えて機関対応で矢倉豊が残留。実際の運営は若い世代の主任会議が中心になる構図だった。熊見元宏、新井玠、藤井剛、中野実は総合センターという調整機関・遊軍に移った。主任会議、総合センター、そしてCM・PM・KM・YP各グループをまとめる形で本部長を置き、薬師寺春雄がその任に着いた。

また三役会議には、固定部署が対応せずに問題毎に担当主任が事務局代表として出席することを機関に承認を得ることとした。

10月17日の組合執行委員会では、再建案を推進するために事務局内に闘争特別委員会を設置することを決めた。樋口浩委員長と浅井美光書記長を核にして事務局から市村利彦主任が加わり、執行委員全員がサポートした。

また、執行部の当面の取り組みについて以下を確認した。

再建案を全面的に点検すること。財政問題、再建プランを内容的人的に点検すること。そして団体交渉・大衆団交を再開すること。対三役会議、対運営委員会、対全国会議の活動（闘争）スケジュールを確定すること。

第7章 反対勢力と全面対決

引き続き10月21日に組合大会を開催した。議案書としての「執行委員会報告・レジメ」を全文引用しておく。

「執行委員会報告」組合大会レジメ

一 現時点の特徴と課題

（この20数日間、組合活動が不十分であったことの反省に立って）

A 9月26日の懇談会について

①9月18～24日　組合一次行動（相互理解を深めた）の成果としてとらえる。

②問題討議の実状が誰の眼にも明らかになった。

運委決定（の実行）を阻害しているものは何か／阻害要因除去の努力／客観点には引きずられている／早急に討議続行の要。

③第二次行動の必要性―より力強く、より綿密に、より継続的に。

B 次・部長の辞意表明について

①その原因
・客観点には引きずられている。
・次の如き条件なし。
イ　全エネルギーをくみあげ、くみつくす姿勢とそのシステム。
ロ　高く強い連帯→これを阻害する言動はなかったか⁉
ハ　計画　労音の未来についての認識と前向き姿勢での一致。
②第一責任は次・部長会議にあり、とは云え、仕事上、組合上の各自の責任に応じて反省し、自己変革を目指す中で、前記イロハをかちとることなしに一歩の前進も期待できない。
③結果と評価─基本線は支持。事態の客観的前進に集中し、人事を不当に大きく扱わない。

C　再編後の課題（事務局・組合を含めて）

①再建成功のため、計画整備、労音の未来図作成、局内徹底民主化、その速やかな実行のため、あらゆる努力。
②日常業務（11月〜1月例会を中心に）の完全遂行。

D　組合

BCプロセスの中で、組合活動は立ち後れ、成り行き待ちのムードが強かった。

必要なこと→あくまでスジを通し、非妥協的に対運委第二次行動に立ちあがること。これが現状打開の基本モメント。

執行委に仕事上の比重が従来より重くなったことにより、相対的弱体化→行動委員会新設。

二　第二次行動へ!!　併せて団交再開など多面的な手段の開発

・9月26日懇談会議事録（組合編集）。
・Y運委への公開質問状。
・10月21～26日の期間に全員で第二次行動。
・行動委員会の新設―執行委若干名プラス若干名。
執行委とともに、今回及び今後の組合活動を組織し完遂するために!!

三　組合への集中結集を!!

かつてなくきびしい現状に全エネルギーを結集して当たろう。

組合大会終了後10・21国際反戦デーのデモに参加。１９６８年のスローガンは「ベトナム侵略終結、沖縄返還、佐藤内閣打倒」。
次いで運営委員であり三役会議の一員であるY運営委員へ公開質問状を送った。以下は全文。

Y氏への公開質問状

大阪労音事務局労働組合

はじめに　この質問状は、９月26日懇談会での討論を一層綿密に発展させせんとするがためのものであり、その「公開」の範囲は、今次問題の討議経過にしたがって、運営委員会と事務局の範囲に限定されるべきものと考えます。

問題の基本的性格について

1　7月10日、7月12日運委会決定を受けて、7月17日三役と組合執行委との初団交に於いて、三役会議は財政上の悪循環→運動上の悪循環を断ちきることによって、運動の再建を図りたい旨の提起をされました。我々もまた解決すべき課題〈再建〉は、運委提起のレールに沿って、大阪労音の体質改善にあると考えてきました。

2　具体的には、正しく運委が提起されたように、事務局規模の大幅縮小―業務体制の抜本的改善、運委、委員、活動家、事務局の関係の根本的変革によって、現在〇〇〇円をこえる一般経費を〇〇円にまで引き下げることによって、例会比重をさらに高め、会費を安くすることを目指していたわけであります。

3　こうして、現事務局員の過半数が、一生の職場と考えてきた大阪労音から身をひき、新分野への転出を決意し、その準備もほぼ完了したにもかかわらず、一向に具体的なプランが検討に付されず、遂に当初定められた期限を過ぎて更に一ヶ月経ったのが、懇談会の開かれた時点であります。

4　この時点に至って、氏が「運動の再建とは何であるかを考えなければならない」と主張されるとき、我々はこれをどう受けとめればいいのでしょうか？　それはあたかも、病人を診断して手術を決定し、まさに執刀中に、主治医がメスを投げだして「全快とは何かを考えなければならない」と腕ぐみして考えこんでしまう笑うべき図に似ています。

5　我々は次のように質問する義務があります。

〈再建〉の中心課題は「財政上の悪循環―運動の慢性的危機を断ち切ること」にあるのではなかったのですか？

問題解決の方法について

1 Y氏をリーダーの一員として含む運営委員会は、①鑑賞組織の強化 ②希望退職 ③新事業への転出 を中心とする再建方針を出しており、当組合もそれに基本的に同意し、その成功のために全力を尽くしています。

2 Y氏は、とくに③新事業への転出について突然変異でも起こったかのように「重大な誤り」を強調しはじめました。我々は、Y氏のこの突然の主張転換が、7月12日運委決定の実行着手を遅れさせ阻害している原因であることを知りました。

3 再建案へのY氏の「批判」は、一方で新規事業への「批判」をしながら、他方で今次再建計画の必要を迫った大阪労音の現状と弱点を指摘するという方法に依っています。後者（例えば例会赤字の克服etc.）については、その解決のために今次再建計画がいかに緊急に着手、成功させられなければならないかを明らかにする以外には、問題の焦点をそらせ、真剣で冷静な討議を妨げるのみであり、氏の主張は自己矛盾に陥っています。

4 さて、Y氏は、新規事業は ①労音の発展につながらない ②財政的に大きすぎて本体を支えきれない ③会員や専門家に理解されない ④社会通念、労音の歴史からみて通らない との4点をあげて、これの実行に反対しています。

くりかえしますが、Y氏は傍観者ではなく、この計画の積極的な推進者の一人であった事実から、我々は今さらこのような「批判」が提出されることに、真に奇異な印象をさけることはできないのであります。

しかし、我々はあくまでも全体の一致に近づくべく、これを再検討することにやぶさかでなく、誠実にこれを検討してみました。

4①について

根本的再建のための一方法について、それが有効でないというならその根拠を示すべきであり、一プランとしての喫茶店のみをあげて、それが労音の発展に役立つか否かという提起をするのはナンセンスではないでしょうか。それがどのような必然のもとでどのような方法と環境、見通しに立って行われるのかを、明らかにする努力を怠るならば、一般的に喫茶店と労音が無関係であるのは自明のことであります。しかも、その必然については、くりかえし行われてきた分析と討議のなかで明らかにされているのであります。我々は、これが運動の体質改善と事務局員の生活を両立させうる可能性があるとして、基本的に支持し、その具体的方法について審議をすすめることこそが労音発展につながる道であると考えます。

このような立場こそが三役の一員として責任ある態度ではないでしょうか。

4②について

労音の財産保全、健全財政の維持・発展こそが、Y氏もリーダーの一員として参加してきた再建計画作成の努力中、最大最高のものでした。もちろん組合でも独自に十分な検討の末、諸要求を決議しているのであります。

そして団交の場でも、常に議題にのぼり、虚心に腹蔵なく検討し、なかんずく三役会議・運営委員会では、組合要求をはるかに下回るところに限界をおくほど慎重に討議されてきたものであります。

しかるに、今このような「批判」を強調されるということは、その前提に現状への真面目な検討以外の、何らかの労音外的な力が働いてでもいるのでしょうか?

百歩ゆずって、現計画が財政的に困難であるとしても、それは計画の枠を狭めることにしかならず、それは決して計画全体への反対を正当化するものではないと考えます。

4 ③④について

問題は、自らが計画の正しさについて確信できるだけの根拠・理由を持ち合わせているかどうかにあります。問題はY氏が三役の一員として、会員の代表として、全会員及び大阪労音を支持してくださる勤労者・市民・専門家に納得されるだけの方針を出しうる判断力を持ち得ているかどうかにあるのです。

自分の理解の範囲を超えるからといって、基本判断を下へ下へと全面的に委ねることは民主団体の組織原則からみて、本質的には非民主・非集中・指導性の放棄・リーダーの無責任となるのです。

十分な判断力を備えない人は、リーダーの位置を他のより有能な人に譲るのが当然の姿であります。

従って「批判」③④の点については、Y氏の自己診断に待つほかはありません。

5　以上見てきたように、Y氏「批判」は、計画討議の当初より十分慎重にくりかえし討議されてくる中で検討され、論拠をしつくされた論点であって、その上でだされた結論としての「再建計画」に対して、基本的な反対を唱えるだけの内容を持ってはいないと考えます。しかも「再建計画」に反対であり、「人員整理の必要を認め」られるのであれば、その具体的方法を明確に提起されるよう要求いたします。

問題解決の時期について

1　運委提起は8月31日を目途とされており、当組合でもその線に沿うべく最大限の努力を集中したことは団交でも再々述べ、手紙「運営委員の皆さんへ」にも述べた通りです。

2　このように緊急な問題を、Y氏の反対意見のためにズルズル引き延ばされる結果になっていることをどのようにお考えですか？

問題はこの引き伸ばしの中で、事務局の正常な運営が大きく阻害され、遂に事務局指導部（三役会議構成員）の前例のない引責辞任決意まで至る真剣で深刻な影響をもつことがらであります。

解決の時期を明確に提起されるよう要求いたします。

責任について

1 問題解決を遅れさせていることの責任をどうお取りになるのですか。
2 組織原則上の乱暴なひきまわし―運委決定の実行を阻止し、運委・事務局に混乱を生じさせた―の責任はどうお取りになるのですか。
3 団交成立事項を踏みにじる結果になることをY氏は望んでおられるが、その社会的・法律的責任は?
4 総じて、大阪労音における信頼関係阻害の責任はどうお取りになるのですか。
以上、各項目の質問に緊急かつ明確にお答えいただくよう要求いたします。

1968・10・21

いよいよ宣戦布告

事務局指導部辞任というアクシデントがあったが、いよいよ宣戦布告である。再建案をストップさせている人物・Y運営委員と彼が代表する勢力に照準を決めて実行あるのみ。じりじりしていた執行委の我々もやるだけのことはやって、ダメなら仕方がないという気持ちだった。組合大会でも同様の発言が続いた。事務局内の運営体制を組合も加えて一本化せよ。闘争態勢を一本化せよ。行動委員会の位置づけ、イメージ、構成などにも意見が出された。

他方、事務局員・組合員の中にも当然党員はいたし、その一部は反組合を鮮明にしていて、彼らが逐一動きを外部に報告している状態は続いていた。それが第二次行動を前に、即刻注進に及んだり、組合大会で反対意見を出したりするようになった。彼らに注意しながら闘いを進めることはいうまでもなかった。

組合大会を経て、頻繁に執行委員会、行動委員会が開かれ、今回採ろうとしている行動・闘争が現時点での組合員にとってどういう意味をもっているかを冷静に判断しようと、意見を出し合った。

「闘争勝利が労音運動の見通しに明るい展望を得る」という正当な意見。「当初の再建プランを勝利させて大阪労音から身を引きたい」「辞職の際のより有利な条件を確保すること」「労音運動の将来にY運委派の動きを取り除く必要がある」という意見など。事務局・組合員は気持ちの上でもギリギリのところまできていると思われ、必ずしも希望を見いだせるような状況ではなかった。

その現状をふまえ、組合員の内なる思いに目をやり、行動の正当性を確信し、闘争の中で組合員の視点で再建案を再編する必要があることも確認した。

組合員の再建案・新規事業に対する考え方も、その決定が長引き、種々の揺さぶりの中で変化が見られると思われた。

退・転職を選ぶメンバーが増えて、新規事業に参加する人が減ってきた。環境の変化の中で新規事業成功の見通しへの危惧、スタート後の行き詰まりや負債を被ることへの懸念があった。新規事業の種類としては労音周辺でのサービス事業（外郭団体）の拡大が増えて、その他の新しい事業への取り組みは少数になった。そのため初期資本投資の規模も極端に少なくなっていたし、再建案の資金計画も、事業資金よりも転・退職への手当てを厚くする必要があると考えられた。

行動の形態としては、もちろん再建案を正面に据えて闘いを継続すること、などを確認した。団結を固める必要があった。今年いっぱいを目途に闘争スケジュールを組んだ。

ところが、このタイミングを測ったかのように、思わぬところから思わぬ動きが現れた。当然出るべきものが出たということもできた。

「前衛」誌上で大町進論文が出る

「前衛」1968年11月号が発売され、それに大町進署名の『労音』運動について」という論文が14ページにわたって掲載されたのだ。「前衛」は言わずとしれた日本共産党中央委員会の理論政治月刊誌である。

該当論文は以下の「前衛」サイトで、掲載号の目次が見られる。（目次　p128～141）

http://iss.ndl.go.jp/books/R100000039-I001040792-00

「労音」運動について　大町進

労音運動は現在、きびしい情勢のなかで、多くの困難に直面している。そして、労音運動当面の最大の課題は、どのようにして、会員の激減と運動の停滞をくいとめ、増勢と前進に転じることができるかの基本政策を確立することにある。そのためには、今までの労音運動の成果と欠陥を正しく総括し、その長所をいっそう発展させ、その弱点を決定的に克服する必要がある。以下、緊急かつ重要と考えられる当面の諸課題、諸問題を提起する。

以下本文の見出しは次のとおり。

一、情勢判断について
二、労音運動の基本路線について
三、労音運動と創造運動との関係について
四、労音のサークル運動について
五、組織体制と運営上の課題について
六、労音内の党員の活動について

ここで提起されている詳細を極める諸課題・諸問題に関して、ここでフォローするつもりはないが、労音一般についての論考を展開しながら、大阪労音事務局と組合がヤリ玉に挙げられていることだけはわかる。

五、組織体制と運営上の課題について

しかし、現在の労音運動には、これをはばむ、いくつかの否定的要因がある。その一つは、今までの組織体制と運営になじみ、安住してきた結果生じた組織活動の惰性化、保守化である、その二つは、事務局中心の運営の結果生じた官僚主義である。その三つは、それぞれの単位労音の自主性、独自性と体制の民主化の名分のもとに、すりかえられた有力労音や地方別のセクト主義、分散主義である。

六、労音内の党員の活動について

（略）労音内の党員が当面する緊急課題は、労音運動にたえず発生する「左」右の日和見主義的傾向と、ねばり強くたたかい、会員大衆にたいする影響を徹底的に克服しながら、労音運動がその基本路線をかたく守って、政策に具体化し、実践することに全力をあげて協力し、貢献すること。

労音は１９４９年大阪で生まれた音楽鑑賞団体で、１９６４年の15周年のころまで大きく会員を増やしてきたことは前に述べた。大阪を追って53年には東京労音を始め全国各地に労音ができた。55年には全国労音連絡会議がスタートした。総体として押しも押されぬ巨大組織となり、影響力も大きくなるにつれ、外部からの風当たりも強くなり、「労音ゴジラ説」も出たりした。

一方、運動論をめぐっては全国と各地、大労音と小労音、東京と大阪間できしみが生まれていた。それらの状態がマスコミにも評価・批判され、会員にも少なからず影響していた。

さらに近年の会員数の減少という困難が加わり、どう克服するかという課題に直面していて、それがまた全国労音、各労音間で路線の違いを露呈させてきた。各地の労音内部で様々な方法論があるだろうし、その単独労音内部、現実の我が大阪労音でも、かくも対立があり機関討議がストップしていた。

そういった背景の中で、「前衛」大町論文は名指しこそしないものの「事務局中心の運営の結果生じた官僚主義」と、大阪労音事務局を批判するのであった。

以上の欠陥を克服して、組織体制と運動面での改善と前進をはかるためには、つぎの諸点が、いっそう明らかにされる必要がある。

一、(略)

二、実際上事務局中心になっている現在の体制を民主的に選出された運営委員会中心の体制に切りかえることは、基礎組織であるサークルの要求、意見、活動力を運営機関に正しく反映し、そのもとに、職場地域に根をおろした活動家を結集するために、また下からの点検を可能とするためにも、ぜひとも必要である。(略)

三、労音の地域運動、地方運動、全国運動が強化されることは、勤労者の民主的文化運動全体の地域的、地方的、全国的連帯と共同行動の前進に寄与する点からも重要である。(略)

四、当面、とくに重点的にとりくむべき組織と運営上の課題は、第一に、(略)。第二に、全国の運動状況を的確に把握し、適切で具体的な全国方針をたてる機能と能力をもつ全国運営機関の改善と確立を促進することである。第三に、各段階の運営機関と事務局が、機関紙誌を中心とする啓蒙、宣伝、教育、組織活動を強化すること、企画を向上充実させるための方針と、赤字を克服し、財政基礎を強化するための科学的財政方針を確立することである。

この論文がY運営委員と日本共産党系委員へのバックアップを意図していることは明らかだろう。あるいは論文に書かれた方針があって、彼らが動いているのか。もはや外部勢力の介入は歴然としたのだった。

個々の運営委員へ第二次直接行動を経て膠着状態に

その後1か月間にわたって、組合の行動委員会は個々の運営委員に面会して現状の意見交換と再建案実行への理解を求めた。

特に一部の再建案をストップさせているメンバーに対しては、審議再開を強く要求した。その行動では、面会を避けるような場合は手紙や電話、電報など強硬な手段も使って申し入れた。その結果、組合員と一部の運営委員との間で険悪な衝突が発生することもあった。

またストップしている団体交渉再開も、三役会議、運営委員会に対して要求し、前回までの団交で確定している条件の変更は認めないことも当然のことだった（ただし新規事業は一括外郭団体方式もありうる）。

第二次行動でも事態は一向に進展せずに長い膠着状態に入った。運営委員のなかでは、穏健派中間派がやや硬化するなど直接行動への不信もみられた。組合執行部としては行動委員会の直接行動を総括し、さらなる前進への団結を強める時期でもあった。

頻繁に執行委員会、組合大会、団交が開催された。組合内部には、執行委を支持する熱心な行動推進メンバー、無関心派、ストライキも辞さずとする急進派、一貫して組合決議に反対票を投じる数人の日共系メンバーなど。彼らに対しては、除名もしくは組合員資格停止の処置を執らざるをえない状態でもあった。

12月3日執行委員会。交渉が大詰めになった場合、組合員全員の身の振り方を考える必要があった。いずれにしても新規事業を計画しているメンバーには事業内容と資金問題、退職転職者には退職金+αが重要な課題だ。また、大阪労音に残留するメンバーにとっては内部に新しい核を確立する必要があった。

大阪労音を守り、組合員の生活を守り、再建案の収拾を考えながらも反対勢力とは徹底的に闘う。この観点で組織固めをと、12月11日、職場チーフと執行委の合同会議を開催した。そこでは以下のような突っ込んだ話しあいになった。

……三役会議と組合の団交で確認され、運営委員会で決定された再建案だが、それをめぐって組合と一部の運営委員間の闘いになり、ついに「前衛」大町論文などで明らかになった外部勢力・日本共産党が前面に出てきたのだ。組織内での確認と解決、ということが蹂躙されていた。

日本共産党にとって「再建大阪労音」とはどういうものなのか。外部勢力と闘うことなしに大阪労音の真の再建はない。彼らが我々を相手に闘うやり方といえば、まず大衆動員から事務局封鎖などが予想された。

その場合は当然分裂の事態になり、社会問題となり、税務攻勢やマスコミに恰好の話題を提供することはまぬがれなかった。その風潮の中で会員の労音に対する意識や会員であり続けることを期待できるのか、離れていく会員への対応策はあるのか。

しかし闘いには理性的な判断が必要だろう。「再建計画の完全実現」を撤回し、最低限要求をとりまとめる方向にいくべきではないか、などの意見も出た。

当時の財政事情からみてこの再建計画は基本的に正しかったし、労音事業の拡大充実による再建を図り、その上での鑑賞組織自体の再建を目ざす方向は正しかった。……

「朝日ジャーナル」に「労音の危機」記事が出る

12月15日発行の「朝日ジャーナル」に「変質せまられる労音―会員半減の大都市労音」の記事が載った。

１９４９年大阪に誕生して以来、労音は10年、15年と順調に発展を続けてきて、鑑賞団体として巨大組織にふくれあがった。しかし20周年を迎えようとする現在、組織の巨大化は鑑賞団体としての骨格を自ら支えられなくなり、興行団体としての性格が強くなるという質的変化が、会員の減少と創意が結集されないという「労音の危機」をもたらしている。

その原因は、テレビやステレオなどマスメディアの想像を超える発達と、平均年令20歳という女性会員の占める比率の増加があげられる。

音楽の大衆化に果たしてきた労音の役割は決して小さなものではない。いたずらに会員の増加を目指すのではなく、量から質への転化が重要だろう。

最近の大阪労音が従来の音楽鑑賞のみの活動にとらわれず、音楽を中心とした総合文化運動としてのイメージのもとに運営と活動を変質させようとする事実は注目されるべきだ。

現在進めている再建案とその闘争がマスコミの話題にのぼるのも時間の問題だと予想された。

1月の大型例会「美空ひばり」の取り組みもあわただしく、12月はあっという間に過ぎていった。年末の一時金は支給され、28日には事務局全体の忘年会があり、N運営委員長も出席して挨拶があった。出席した宣伝部に所属する中間派の運営委員は「話しあいを要求するために電報を打つなどはやりすぎだった。現案は時間切れだ。新案を出せ」僕に話した。

暮れも押し詰まった25日、我々は金一浩司の送別会をもった。事務局では制作部に所属して舞台監督も担当し、PMグループに移ってからはグループの牽引者だった。僕が彼から学んだものははかりしれないものがあったし、制作や舞台監督に携わるように強く勧めてくれたのも彼だった。そのことでどれだけ労音生活が豊かな実り多いものになったか。でもこの時点で彼は転身を決めたのだった。思いは複雑でも、これで別れるという意識はまったくなかった。

こうして騒乱の1968年は暮れ、いよいよ決着の年1969年が明けた。

第8章　敗退

運営委員長から収拾案が出る

「美空ひばり」例会でほぼ1か月間振り回された。１９６９年1月28日がこの年最初の組合執行委員会だった。N運営委員長から収拾案が示された。

「全員残留、長期的に解決しよう」。

翌日、委員長提案をめぐって事務局会議・職場集会を開いて討議し、引き続き主任会議メンバーで委員長に会談を申し入れるも説得は失敗に終わった。

再建案構想・新規事業案は終わる

事務局会議が開かれ、2月2日運営委員会で「これまでの経過と現時点での再確認事項」という提案がなされたことが報告された。（以下大要）

昨年の再建案提起時より更に状況が悪化してきており、事務局では局員の生活問題をかかえて非常にシビアな問題になっている。

運委の決定を経て具体化がはかられていたが、その後機関全体の意志を統一することができず、日時が経過した。その責任を全体として明確にする必要があり、またその間適切な方針を提起し得なかった点は強く反省されなければならない。

2月2日運営委員会で提起された収拾案大要。

①鑑賞組織の再建をはかりながら、

②財政的危機解決のために、

イ　希望退職。

ロ　総合的文化活動の展開。

③運営体制の改善。

従って昨年度の再建案との関連で言えば、

①個人的事業活動関係の白紙化。

②計画を労音事業に於いて進める。

③早期的解決をはかる（2月中に結論）。

以上の点をふまえて事務局としては、

①現状の危機を生活問題に目をおいてとらえるのではなく、

②労音全体の危機としてとらえ、将来の方向を見極めるなかで、積極的に打開していく観点に立ちたい。生活をかけて再建に立ち向かう姿勢。

③運営委員は執行責任者としての自覚と責任のもとに、この状況を正しく認識し早急に具体化をはかる。

④事務局員は専従活動家としての責任と熱意で運営委員会の確認を肉付けし具体化する。

これがどういう意味をもっているかは明らかだろう。昨年来の再建案構想は終わったのだ。外に拡がっていく事業計画は白紙に戻し、鑑賞活動の会員を増やすための立て直しを図り、事業活動は既存の組織を対象にした範囲にとどめ、かつ財政問題を解決するには人員削減しかないという。

鑑賞組織と事業活動の具体的打開策としては、
①鑑賞組織の会員数を４０００人とし局員数は20名が適切な規模である。また複雑化した業務を少人数でこなす困難もある。
②労音事業活動（総合文化センター）を立ち上げるが、早期に独立採算が不可欠である。
③事務局員は財政危機解決のために自ら身を処し退職（転身）をはかる。
実行スケジュールは、
2月～3月　方針と具体プランの検討　3月　具体化準備期間　4月　実行
また同時期に労音都合による退職金及び時期を確定する。

組合は職場集会を開催して総括

その後組合による職場集会を開催した。執行部による総括と今後について。

1　闘いの総括

①半年を超える団結した闘いは水泡に帰し、個々バラバラに敗走、壊滅的打撃の様相。
②労音崩壊テンポが激化し、事務所が3カ所に分かれ、この間の業務が増大したなど、困難もあった。
③実際的政策と展望を出せなかった。
④闘いと仕事の関係。闘いが仕事であり仕事が闘いであるという視点を持てなかった。
⑤執行部の弱点ばかりとも言えないが、明らかにする必要はある。

2　闘いの現段階

①運営委員会で当初の再建計画案は正式に撤回された。しかし組合としては団交合意の確認書は存在する。この意味は？
②組織解体のテンポは激化した。生活の危機・破局の接近。
③闘争の継続と新しい闘争への突入。
④この期間にすでに5人が自ら転身の道を選んだ。続く意思表明もある。早急に退職金プラスαを確定する必要がある。
⑤勝利への道は、鑑賞組織再建と事業展開方針への結集の意思統一。運命共同体。業務遂行と合理化への道を追求すること。欠陥を明らかにして新しい指導部を形成すること。

3　当面の組合活動

①生活を保障しうる労音をつくれ。
②長期闘争態勢を確立しよう。
③智力と力を執行委員会に結集せよ。

闘争が終わって事務局員の声

１９６９年、年が明けてから事務局のあちこちから聞こえてくる声を拾ってみると、「企画が弱体化するのが問題だ」「問題に早く決着をつけ、辞める者に一定期間職探しを保証し、退職金＋αを支給する。就職できないものには救済を」「局員を5人ほどに減らして若い連中でやればいい。現在の統制のとれている事務局ならやれる」「退職金をもらってグッドバイ！」「もう労音などあきらめて別のことやりましょうや」「人生が見えた」……。

そんな中で、3月24日木村聖哉が転身を決め荷物の片付けを始めた。彼は宣伝部を経てＫＭグループ（歌謡曲例会）に配属になって活動していた。比較的若い世代同士で研究と遊びのグループをつくっていた。局内の忘年会やパーティで「真田隊マーチ」（作詞・福田善之、作曲・林光　映画『真田風雲録』主題歌）を、

「織田信長の謡いけり／人間わずか五十年／夢まぼろしのごとくなり／かどうだか知っちゃあいないけど！／やりてえことをやりてえな／てんでカッコよく死にてえな／人間わずか五十年／てんでカッコよく死にてえな」と歌いながら腕を振りあげて行進する定番は彼の指揮だった。

僕は68年夏から宣伝センターで元のＢ５判に戻った「新音楽」の編集・制作を担当していたが、

宣伝部門が長いベテランの安田憲司にずいぶん指導してもらった。その彼も3月いっぱいで去ることになった。

おそらく半分が辞めていくだろう。どれ程のメンバーが残るのか。残ったメンバーで大阪労音の例会を維持してやっていけるのだろうか。新しい運動論・例会論・組織論を創り出さないと残る意味がないのではないか。

仕事の帰りに飲み、会議が終わって飲み、団交が終わって飲み、辞めていく人と飲み、辞めた人が顔を出したといって飲み、三々五々別れるのを惜しんで飲み、そんな毎日が続く。お互いの家まで押しかけて話したり、旅館に泊まり込んで朝まで話した。

第9章　フォークフロンティア

オデッタとフォークフロンティア、フォークソングの取り組み

ところで、68年10月、大阪労演で自由劇場『赤目』（作・斎藤憐、演出・観世栄夫、美術・阿部信行、音楽・林光）例会があり、見にいった。

自由劇場とは3月のミュージカル『天国にいちばん近い島』や5月の吉永小百合リサイタルの「志乃の歌」以来の再会になったが、公演後まもなく自由劇場は六月劇場、発見の会とで「演劇

1969年2月例会「オデッタ」

センター68」をスタートさせた。１９７０年になって黒テント興行を開始するにいたって、僕らも関西公演で関わることになるのだが、それは第2部ですでに述べた。

11月には再来日した「フェニックスシンガーズ」の例会があり、ＢＯＰの会（ベラフォンテ、オデッタ、フェニックスシンガーズ）が主催した歓迎会も楽しかった。

１９６９年2月16日、再来日したオデッタ・ホームズの歓迎会を開いた。前回の例会が感動的だったしその後もＢＯＰの会の活動は活発に続いていたので、会場の大同生命ホールには５００人もが集まった。みんなが「一人の手」を合唱するなか、オデッタが笑みを浮かべて入場してきた。拍手と歓声。

歓迎演奏はまず阪大ニグロが「サンティアノ」を歌い、中川五郎が「自由についてのうた」「グッドバイ・フレンド」「炭坑のいれずみ」、おおたぼう（アプルズ）が「前進」「古いヨーロッパから」を歌った。

トークも盛り上がり、39歳のオデッタもよくしゃべってくれた。

後半の歓迎演奏は、赤い屋根の家（後の赤い鳥）が「わらべうたメドレー」「竹田の子守歌」、再び阪大ニグロの「ディープフォークリバー」「道は遠い」が続いた。

ついにオデッタがすっかりのって歌った。「９００マイル」「ヘイジュード」。

参加者との対話もあった。「あなたはなぜビートルズも歌うのか」との質問に答えてオデッタの興味深い発言を一つ紹介しよう。

「私は〝フォークシンガー〟ではない。ピート・シーガーも言っているように、木こりとか船乗りが歌ってはじめて〝フォークシンガー〟といえる。私はフォークソングもうたう〝歌手〟ですので、ブルースでもジャズでもポピュラーでも心をうつものを歌っていきたい」。

そして最後は会場全員で「ウィシャルオーバーカム」。

われんばかりの拍手で例会本番のフェスティバルホールへ向かう彼女を送りだしたのだった。

ここで２月発行の「クミアイニュース」別冊３号に載った樋口浩「大阪におけるフォーク運動―概略と主張」を再録（要約）する。

「大阪におけるフォーク運動―概略と主張」

フォークフロンティア例会に寄せて

樋口　浩

１９６４年１月雪村いづみ例会ではじめて大阪（日本）に紹介されて以来、フォークソングの本質をつきとめるべく様々な試行が行われた。それは全日本的に行われたが、その中で大阪労音の方向はどういうものであったか？

フォークソングをウディ・ガスリー（とピート・シーガー）、レッドベリーにその原点をもとめ、その中心環が社会・生活との密接な関係を率直にうたっている点にあるととらえてきた。現実とその奥の姿においてとらえ、貧乏、権利の蹂躙、戦争、災害、社会の災厄を一方的に被っている側の自己表現、自己認識としてきわめてユニークなものがある。

フォークソングというものは、自作自演の歌をつくり、楽しめばいいんだというとらえ方が支配的な時期があった。アマチュアグループや学生シンガーたちがオリジナル作りに精を出していた。

多くはブラザース・フォー、キングストン・トリオ、PPM（ピーター、ポール&マリー）に主として影響を受けた軽いムードのもので、はじめてギターを持ち、はじめて歌いはじめたごく素朴なものであり、抽象的に若さや青空や野原や海を、歌おうよと歌ったものだった。

それは若い大衆のギター熱、歌いたい要求に応えつつも尚、その本音の部分を持たず「バラが咲いた」に吸収され、より強烈なビートと官能的（本能的）刺激の強い、よりアクチブなグループサウンズにとらえられてしまう形でブームは終わった。

その興隆の中で、フォークソングは歌の持つ本質から必然的に導き出されるものであって、もっとズッシリと聴きごたえのある、生活感の変革をさえ迫る重みをもった歌なんだというとらえ方が一部に生まれはじめた。

大阪の地で高石友也に代表されるかたちで育っていった。大正演歌の発掘とプロテストソングの訳詩・創唱という形で進行した。この流れには中川五郎が続いて、一層正確な訳と一層明確な歌い方で、訳詩とオリジナルソングづくり、日本の歌のうたい方で新しい道をひらいた。これは単にフォークソングのジャンルのできごとにとどまらず歌全体の進歩にとって画期的な意味を持っている。

フォークソング＝民衆の歌を関西に根づかせたもう一つの要素は黒人の歌である。阪大ニグロは、黒人の歌のもつヴァイタリティ、リアリティ、その戦闘性、連帯感を自らのものとして定着させることに成功した。

二つの要素は相互に影響しつつ、反戦＝プロテストとリアリティ（具体性・現実性）がフォークソングの特質であることを実践の中で明らかにし、影響力を強めていった。

フェニックスシンガーズの歌を訳して歌う阪大ニグロ、「受験生」「主婦」「殺し屋」「腰まで泥まみれ」を歌う中川五郎、「グアンタナメラ」のおおたぼうとジ・アプルズは「フォークフロンティア」を結成し、昨夏より運動を展開している。

高石事務所系ということでいえば、高石友也は、歌手であるとともに強力なオルガナイザーでもあり、若い歌いはじめたばかりの人を的確に評価する。岡林信康は、部落解放問題に執念ともいえる関心をもち続けている。高田渡は、演歌の詩をウディ・ガスリーのメロディにのせて歌う特異な存在だ。その他、東京・大阪でのコンサート、アングラレコード、歌集、フォークリポートなどがある。

関西フォーク運動としては、他に、フォークスクール、フォークキャンプ、片桐ユズル氏の「かわら版」。

そして、フォーク運動のもっとも先覚的なグループとして大阪労音フォーク愛好会がある。

海外のフォークソングを紹介してきたし、関西のフォークシンガーに歌う場を保障してきた。その一部としてBOPの会は黒人の歌に関して一定の役割を果たしている。

フォークソングは、今日日本語で聴くことのできるあらゆる歌の中で、もっともアクチュアルな問題意識をぶっつけてくること、現実の生活とその中で生きる人間の息吹を生々しく感じさせること。

それらは、自己の眼にうつるものを歌い、自分の感情を歌い上げているのであるが、同時にそれは、今日日本の本質的な部分をぐいとつかまえて、そのまわりにまとわりつく些末なもの、さして重要でないものを捨象することによって、現実の姿を誰の眼にも見えるように、よりわかりやすく提示している。

フォークソングのもつ優れたリアリティこそが我々の労音運動にとって評価されるべきだ。会員大衆を生き生きした個々の人間像としてとらえかえし、彼らの生きた要求とダイレクトなつながりを再生することこそが、再建の名に値することではないだろうか。

今はまだ見るべき成功を収めていない「フォークフロンティア」を例会にとりあげるのは、必ずや彼らの行き方が将来労音の再建にとって一定の役割を果たしうるに違いないと確信するからである。

雑誌「フォークリポート」はすでに創刊号を購入していた。樋口浩の描く世界が徐々に僕の中にも広がっていったが、それが労音退職後の仕事になるとはまだ想像もしなかった。

第10章　事務局員全員退職を決める

総会が近づき、再建案が決着する

新年度になり定時総会が近付き、決着をつける必要があった。1969年4月5日、三役会議と組合執行部による泊まり込みの団交をもった。

〔7月10日確認は白紙に戻す。退職時に退職金＋αを支給する。退職日は年次休暇の消化した日にする。事業は鑑賞運動にプラスになる労音事業の範囲とする。残留者はベースアップを要求する。以上〕

そこでは退職の条件のみが確認された。しかし三役会議とでは合意ができるが、運営委員会でいつもひっくりかえされるのだ。4月8日の運営委員会ではやはり事務局批判が集中し、出席の薬師寺が孤軍奮闘だったという。しかし退職条件はすんなり決定した。早く決着をつけたいのだろう。9日事務局会議、次いで組合大会で、合意に異論はなく確認された。

4月19日、旅館で職場集会。業務引継と、残留予定者で体制を話しあった。

4月23日、定時総会の議案起草委員会の準備。僕の所属する運委宣伝部会の総括会議開催。宣伝部穏健派のT運営委員は持論を展開した。「組合闘争はベースアップでやれ。政策で闘うな」と。同じく宣伝部のK運営委員は新年度は運営委員を辞めるという。良心的な運営委員は去って行く。何年も一緒にやってきたのだ。彼らも自らの生きる道でターニングポイントだったのだと思う。

4月28日、事務局1泊旅行（赤穂市）に出かけた。できるだけ全員が集まれる日を決めての事務局旅行だった。職場では旅行にはよく出かけた。年に1回は事務局旅行があったし、会員・サークルの交流会に合流してスキーや海水浴、山へも登った。しかし、今回の旅行は特別だった。まもなくみんながバラバラになる前の最後の交歓会になった。

組合として毎年欠かさず参加していたメーデーも今年はさすがに少なく、組合執行委員とほか数人だった。

総会議案書が印刷にまわる

第14回大阪労音定時総会を1か月後に控えて運営委員会は緊迫の度合いを深めていた。定時総会とは、年に1回、全サークルの代表者と委員、運営委員が出席して、新年度の活動方針が決定されるいわば最高議決機関だ。

退職条件が決まったので一定数の事務局員はやむなく退職するだろうことは確実だったが、それでも一定のメンバーは残留して、引き続き大阪労音の再建を担うことになる。そして激烈な闘争の後遺症も残るだろう。残留勢力と、新年度の運営委員会内部の勢力地図が新しい方針を左右するわけで、依然として運営委員会は緊迫していた。

総会議案書を作成するために起草委員会が開催されたが、今年の総会議案書はY運営委員が書くことになったそうだ。5月7日の運営委員会にY運営委員による「総会議案書案」が提出されたが、それに対しては否定的な意見が多数を占め、Y運営委員がそれを確認し10日の起草委員会までに書き直すことになった。

15日の「総会議案書」の印刷出稿を前にしてのめまぐるしい動きだった。

僕は宣伝担当となってから毎月のレギュラー制作物は、機関誌「新音楽」、例会ポスター、「代表者ニュース」「例会ガイド」があり、臨時のチラシやDM、また定時総会や全国会議などがあればその関係書類の制作が増えた。どんどん締め切りがきて追いまくられていた。

ところが「総会議案書」出稿担当は与し易い僕にお鉢が回ってきた。Y運営委員は原稿を持参し、絶対変更は許さないと息巻いた。簡単にレイアウトをして二人で印刷所に持ち込み、印刷スケジュールを確認した。

その足で出稿原稿のコピーを薬師寺事務局次長に見せた。またN運営委員長とY運営委員は個々に意見交換があったようだ。

1969年5月15日、総辞職決意

薬師寺春雄事務局次長はこの事態を重くみて、

「ここ数日の動きは最悪の事態だ。先方は我々と共に闘ってきた事務局内の党員に対して締め付け、殺生与奪権をもったつもりで強気に出ている。さらには、三役会議ではN運営委員長を飛ばすし同時に私も飛ばす決意で本腰を入れてきた。現在Y運営委員とN委員長とで話しあいがされているが、議案書は大幅には変わらないだろう。徹底抗戦か総辞職か、いずれにしても敗北にはしない。あり得ない」と見通しと決意を表明していた。

Y運営委員がN委員長らと話しあいの上で原稿を手直ししてからとなっていたが結論は出ず、15日は印刷が止まったままだった。16日に再度話しあいをすることに決まった。

しかし、危惧した通りそれほどの書き直しもなく、「総会議案書」は印刷されることになりそうだ。それを見て急遽15日の夜、事務局員全員で泊まり込みの会議が予定された。全員で腹を決めようということなのだ。

薬師寺局次長はもう一つの大きな問題をかかえていた。それは運営委員会や議案書起草委員会などの審議を統括してきた責任者である事務局の矢倉豊総務部長が、10日辞意を表明したことだった。

彼は永年機関の動きや対立をまとめ上げてきた力を持っていたし、薬師寺が作戦を組む際の重要な相談相手でもあった。薬師寺は樋口浩組合執行委員長とで徹夜で矢倉説得をやったが失敗したのだった。

仕事を終えてから会場の旅館に事務局員が集まってきた。薬師寺局次長は経過報告をしてから自分の意見を話した。

「この議案書が通り、運営委員会で多数派をとられる中では、私は残れない。総会後、N委員長が辞められたあと、私は引責辞任もあり得る。そういった状況の中で一緒にみんなに残ってやろうとは言えない。一方、闘いを継続しても敗れる公算が大きくなった。そうなれば結局みんなも辞めざるを得ないというか、辞めさせられることになる。そうなれば退職金も取れなくなるだろうし、それは個々人の生活とその後のことを考えれば悲惨すぎる。また、少数の仲間を残して辞めることもできない。この際、全員でまとまって辞めたい。運命共同体でもあると思う。そのことをできればいま決めてほしい」

事務局員の大多数はこのような事態をも想定しての覚悟を、この半年間の闘いの結果、固めてきたといえるだろう。一人一人が自分の意志を表明し、ほぼ全員が辞めることを決めた。

しかし企画部の黒須保雄は残ることを表明した。黒須は、

「現在の例会企画の仕事をいま放り出して辞めるわけにはいかない、今後どのような体制になっても私はやりたい例会企画をやり続けるし、それは可能だ」と主張した。

その時東京で仕事をしていた企画部の林衛と谷本隆繁からの電話がつながり、まず（上司である）黒須が話をさせてほしいと電話に出た。

その話の結果、林と谷本も今やっている例会の仕事を出演者やスタッフとの関係で放り出すことはできない、残るということだった（しかし残留を決めた林と谷本は半年後に労音を去り、黒須も３年後の72年に退職した）。

大勢は決まった。薬師寺局次長は、その夜の三役会議を延期していたが、退職者全員の辞表をとりまとめ、早急に退職金の保全に回ると決意を語った。

5月31日付で退職を決める

事務局総辞職後の10日間は、ほとんど泊まり込みの会議か、誰かの家に誘われて泊まり込むかの毎日だった。話すことはいくらでもあった。

この時点で企画部継続の3人と反組合の党員は別にして全員で辞めることにしたのはよかったのか。残留部隊を作って総会までのトラブルや、一方的な進め方を監視し、また残務処理や退職金などの支払いまで関与する方法があったのではないか。一方企画部3人が残ったことで例会が存続することになって労音の破綻がまぬがれ、結果的にそれは決定的な対決を回避したことにもつながったとも言えた。

N運営委員長は、

「全員退職もやむを得ない。退職金は支払う。残留者には将来の退職金を確保する」と言明した。Y運営委員は全員退職のことを聞き、一瞬驚いて次いで喜んだそうだ。たぶんもっとも望んでいたことだったのだろう。

5月19日、議案書校正刷りによって起草委員会が開かれた。かなり修正意見が出されたが、Y運営委員が責任をもって加筆することになった。翌日Y運営委員と二人で朱入り校正を返し、印刷ゴーを出した。

その日は旅館に泊まり職場集会。経過報告と至急やらなければならない作業を確認した。21日は労音会館に泊まり込んで、溜まりに溜まった仕事を片付け、残務のまとめに取りかかった。

僕は毎月委嘱していた外部制作スタッフに実状を話し、以降の契約を終わらせてもらうことの了解を得ないといけなかった。制作協力の原口武敏、松田一二、田川律、デザイナーの田端伸行、権代俶明、「新音楽」表紙の平手泰子、ポスターの松永真らに会い、また手紙を書いた。

5月27日運営委員会。当然ながら事務局員退職問題が議題になった。Y運営委員グループが退職の承認を急ぎ、良心派が引き留める構図だったが、しかし承認された。5月31日付で退職が決まった。

新聞に「労音内部対立と全員退職」ニュースが流れる

5月30日、毎日新聞朝刊が最初のニュースを伝えた。

大阪労音に〝不協和音〟　幹部全員が退職　再建案で内部対立

全国の労音運動の草分け、大阪労音（大阪勤労者音楽協議会、西区京町堀五）で組織の再建案をめぐってするどく対立、このほど事務局員五十八人のうち事務局長ら幹部全員をふくむ五十二人が退職した。最高責任者のN（原文実名）委員長をはじめ一部役員の辞任も決定的で同労音は創立以来最大の危機に見舞われている。

翌日朝日新聞や日経新聞朝刊が続き、ほとんどの新聞が報じた。また週刊誌も続いた。運営委員会は、それらの報道に対して6月1日会員サークルに「お知らせ」を配布し、引き続き運営委

44年(1969年)　5月30日　(金曜日)　15版　(18)

大阪労音に"不協和音"

幹部全員が退職

再建案で内部対立

毎日新聞（1969年5月30日）記事

員会は6月4日「声明」を出した。これは新聞社やマスコミに配ったようだった。

声明

最近、一部の新聞などで「大阪労音は解体しそうだ」「特定の勢力が介入している」などと報道されています。しかし、今回の大阪労音の事務局員退職問題は、約一年間にわたって民主的に討議されてきた結果であり、とくに事務局員個々の自発的希望退職であり運営委員会も規定以上の最大の処遇をしています。たしかに、大量の事務局員の希望退職は、さしあたり多少の支障はありますが、本来、労音運動はサークルを基礎に運営委員会が日常的運営をするものです。現在、すべてのサークルも運営委員会を信頼し、例会や日常業務もすべて順調にすすんでいます。なお、希望退職者のごく一部は、退職後、反労音的活動をおこしていますが、必ずや会員はもちろん、一般の人たちによって批判され追求されることを信じて疑いません。私たちは、今後サークルを基礎としてよい例会をつくるとともに、専門家のみなさんをはじめ、全国の労音や文化団体、民主団体との協力を強めて多くの勤労者・市民の期待にこたえる労音をつくるために努力します。

昭和四十四年六月四日　大阪労音運営委員会

6月6日から田川律に誘われて東京に向かった。彼は大阪労音事務局を1968年3月に辞めてから東京に出て、飯塚晃東（蝸牛社）の所に拠って出版や音楽制作の仕事をやっていたが、69年4月に「ニューミュージックマガジン」を創刊したばかりだった。僕は「新音楽」の編集などで引き続きアドバイスしてもらっていた。また、「新音楽」やポスターのデザイン・装幀を依頼していた松永真や平手泰子に会って懸念だった突然の終了のお詫びも果たした。

事務局退職メンバーで運営委員会声明に反論

帰阪した8日は定時総会だった。元事務局員が総会会場に出かけたが入場を拒まれたらしい。総会開催時に合わせて元事務局員有志で新大阪ホテルに集まった。「六月四日声明」に反論するべきだと考えて「六四声明を駁す」の文書を用意し、新聞記者への配布と場合によっては会見も予定していた。

権力者の論理　大阪労音運営委員会　六四声明を駁す

大阪労音運営委員会は、大阪労音事務局員退職問題について、その節度を越えて一方的な声明を各新聞社あてに発送し、それに基づき、本八日記者会見を行った。問題がこのようにして拡大された現在、一定の反駁を行うことは、我々に課された社会的義務であることと自覚し、我々の見解を明らかにする。

一　今回の退職が「事務局員個々の自発的希望退職」である事実には相違ない。しかし、それが「民主的に討議されてきた結果であり」「規定以上の最大の処遇をし」たからそれでよしとする感覚・論理は、問題を行政的に「処理済み」とする官僚主義者の発想であり、非人間的な権力者の論理である。

また声明のいう「民主的に討議された結果」とは、話しあうことを拒み、問題点に応えようとしない思考停止のみが多かったこの一年間の経過と、結果のことを指しているのであれば、我々はこれを「民主的」とは正反対のものであったと考えていることを明らかにしておきたい。

二　「希望退職者のごく一部は、退職後、反労音的活動をおこし」云々の声明も同様である。具体的事実を欠落させ、自己の都合の悪い言動に対して「反○○的」「非国民」等々のレッテルをはりつけることによって万事終われりとする運営委員会声明の思考は、日本に根強い権力者の論理であって、我々の求めつづけた民衆の論理とは対極をなすものである。

三　こうした論理・感覚の当然の帰結として我々「希望退職者」の内に秘められている痛恨—青年期の情熱のすべてをそそぎこんだ労音運動が、今日のような事態を迎えて去らねばならなかったこと—に気付くことすらできないばかりか、むしろ敵視する声明になっていることに注目する。

四　退職者一人一人は、これから声なき民衆の道を切り拓いていこうと真剣に考えている。我々は共通の発言の場を今後失う。しかし我々は、ひきつづき故なき誹謗や中傷が加えられるならば、何ものにもとらわれることのない自由な思考と論理を創り出し、駆使して〝人間の尊厳〟―基本的人権の拡大と解釈―のために闘うであろう。

1969年6月8日　大阪労音事務局退職者有志

総会では、「大阪労音総会議案書」（代表者ニュース69・7）と「大阪労音第14回総会追加資料」、加えて「第14回総会に対する特別報告（事務局員退職問題とその後の事態のエスカレートについて　運営委員会）」が配布された。

翌9日我々は再度有志で集まって、懇意だった運営委員、代表者・会員に読んでもらおうと、「六四声明」「権力者の論理　大阪労音運営委員会　六四声明を駁す」「第14回総会に対する特別報告（事務局員退職問題とその後の事態のエスカレートについて　運営委員会）」を綴じたレター「皆さまいかがおすごしですか　大阪労音事務局退職者有志」を作成した。

「仮装集団だった？大阪労音」

「週刊朝日」（1969・7・4号）は次のような全6ページの記事を組んだ。

やはり、「仮装集団」だった?・大阪労音

音楽団体にみる日本共産党の体質

大阪労音の一件が報じられたとき、大衆団体の関係者の間に「また、やったか」というタメ息が広まった。それほど、この問題は、実は、古くかつありふれた事件なのである。

「仮装集団」とは、1966年の「週刊朝日」に連載された山崎豊子の小説のタイトル。架空の音楽鑑賞団体、巨大組織と政治的な波の中で翻弄される個人を描いたフィクションだ。記事は近年の会員減少と再建案について触れて、それをめぐって事務局対運営委員会の対立があり、その背景に日本共産党の組織への介入という図式を強調して、連載小説に引き寄せた論評になっていた。

実はその前の「週刊朝日」(1969・2・28号)でも、シリーズ「グループパワー」の一つとして大阪労音は5ページにわたって取り上げられた。執筆は評論家・加藤秀俊。

〔連載～グループパワー　大阪労音　創立二十周年を迎えて会員半減の試練に立つ　加藤秀俊〕

大阪労音の歴史と、テレビやステレオの普及による文化状況の変化と会員の変化を挙げながら、試練の時だが、会員参加による大合唱、レコード制作、勤労者音楽学校などに可能性を見ると結んでいた。

「大合唱」とは、会員による合唱団が毎年12月に開催される大フィルの「第九」にフロイデ合唱団を編成して出演し成果を上げていたし、それ以前にはブリテン作曲の「戦争レクイエム」でも

出演し評価は高かった。そのことをさす。フロイデ合唱団の「第九」はソノラマ盤で発売された。

「レコード制作」とは、フォークルセダーズが歌った「イムジン河」が東芝の自主規制で発売中止になり、それをみて大阪労音が原詩に近い翻訳の「リムジンガン」をフォーシュリークでレコード制作したことをさすと思われる。中野実が企画した「ローオンレコード」構想の第1弾だった。

マスコミ記事ではさらに、6月15日「赤旗」が「団結して困難を克服」と総会の詳しい記事を載せた。

35　週刊朝日

やはり「仮装集団」だった？・大阪労音

音楽団体にみる日本共産党の体質

大阪労音の一件が報ぜられたとき、大衆団体の関係者の間に「また、やったか」というタメ息が広まった。それほど、この問題、実は、古くかつありふれた事件なのである。

“仮面”をかぶった…

「週刊朝日」（1969年7月4日号）記事

組合大会で解散を決める

6月16日、熱いうちに総括をしておこうと、元事務局員有志10人ほどで集まって雑談会を組んだ。6月20日には組合大会を旅館で開催し、正式に解散した。6月27日、「大阪労音元事務局員の会」の世話人の第1回集まりを新大阪ホテルでもった。元事務局員の今後の活動や連絡、あるいは生活事情などの必要がある場合には力になろうというものだ。薬師寺春雄が中心になって続けることになった。その後「労音会」という名に改め現在まで続けている。

6月28日、新聞記者側の要請で「反駁」記者会見を、昼間東京で、夕方大阪で行った。

事務局員のメンバーの中には、「代々木（日本共産党）との闘いを真正面に大きくすえすぎた。不毛なる闘いで尻を割ってしまった」という見方もあった。しかし、組合は全員の生活を優先し実力行使の矛を収めたのだ。闘いを続けた行く先は組織の分裂だろう。

最後まで闘うこともできただろう。しかし、入場税の預託を停止していたため、我々の闘いは常に税務当局との二正面作戦を強いられていたのだ。組織分裂はすぐさま国税局が差し押さえに出てくることが危惧された。

新規事業を目指していた事務局員は、すでに時機を失してしまった。ほとんどの事業計画は消滅していた。残念ながら我々は退職という道を選ばざるを得なかったし、失業と再起するまでの生活維持に重点を移したのだ。組合としては、分裂を回避し、再建案が白紙に戻るのもやむを得ないとし、退職金の確保とその上乗せを実現することが残された道だった。そしてギリギリの目的は達成したのだった。

さて、僕はといえば、再建案が提起されてからのこの1年間、討議や闘争に関わりながらも、新規事業ではなく鑑賞部門に残ってやっていこうと考えていた。ようやくやりたいことのとっかかりにきたという思いだった。さて展望を持てたかどうかでいえばはなはだ疑問だが、もう少し経験を積みたかったのも事実だった。

反面、信頼し尊敬してきた諸先輩と行動を共にすることにまったく迷うところはなかった。実際、どれだけの同志が残るのか、残ってやれるのかという思いもだんだん大きくなっていたし、みんなと一緒ならいつでも辞められる、と自分に言いきかせるような気持ちだった。

よくがんばった1年間だったし、負けたというよりもやりきったという気持ちの方が大きかった。必死になって先輩のあとをついて走ってきて、失ったものよりも得たものの方が圧倒的に大きかった。なにより事務局のメンバー、この最後の1年間での繋がりは何ものにも替えがたい強いものがあった。みんなと一緒に行動できたことの昂揚と誇りを感じて自分を納得させる選択だった。

戦後の荒廃のなかで若い勤労者が「良い音楽を安く」鑑賞したいと始まった大阪労音では、毎月の例会は娯楽の場であり、教養を高める場であった。また会員同士の交流の場でもあり、明日の労働の糧になったと思われる。

一方、毎年少しずつ増えていった事務局員も若かったし、それらの活動の場を支えていく希望に満ちた毎日だった。69年の退職時点でも最年長は40代だった。僕は事務局で働いたのは5年間だったが、ここで得たかけがえのないものの一つが同志的な人間関係だったと思う。まったく平等で民主的に運営された事務局組織での活動はお互いの自覚で日々成りたっていた。47年が経過した現在でも「労音会」という名で同窓会が続いている。

再建案の柱だった新規事業としては実現しなかったが、その後数十年にわたって我々の軌跡をたどると、当時いだいた理想を思い描きながら、音楽興行・制作会社をはじめ様々な業種を立ち上げ持続してきていると思う。もちろん時代は移り変わるし、過ぎゆく年も容赦がない。そして本体の鑑賞運動はどうだったのかと問うこともうもうなくなった。

さて、僕は退職して、どこにも所属していないということが心地よかった。事務局内では最年少の僕は「ジャリ」と呼ばれていて、文字通り転がるように走りまわって、状況への切りむすび方を学んだ。この2年、ずいぶんな激流の中を転がってきたが、いまはひと時の澱みの淵にいるようだ。しかし、ほどなくしてアート音楽出版に入社し、「フォークリポート」の編集制作に携わり、新たな急流に翻弄されることになる。そのことはすでに第1部で述べた。

あとがき

僕自身は編集後記以外は書かない生涯裏方稼業と思い定めていたのですが、ただ「プレイガイドジャーナル」の経緯、歩みについては、同時代史として、また大阪での稀有な事例として、書き記すことに意味はあるだろうし、また僕に役目の一端があると思っていました。その面だけで書けるなら、書いてみようと試みたものです。本書はその創刊前後までの前史とも言えます。

8年程前「プレイガイドジャーナル」のメンバーが集まった時これらの記録を書こうということになりました。岩国学さんがアンカーを務め、僕はインタビューされる側でしたし、ほかにも取材に応えてくれた方々が多くいました。何年かの努力のすえ残念ながら頓挫してしまいましたが、今回この本を僕が書くにあたって貴重なアドバイスをいただきました。ありがとうございました。

当初の原稿の段階で助言と励ましをいただいた薬師寺春雄さん、田川律さん、金一浩司さん、木村聖哉さん、樋口浩さん、林信夫さんに改めて感謝申し上げます。

東方出版の稲川博久さんには編集出版で大船に乗せていただきました。田島典子さんは「雲遊天下」編集に続いてこの本の校閲校正を買って出てくれました。お二人によって初めての著者の気分を味わっています。ありがとうございました。

カバーの版画は森英二郎さん、装幀には日下潤一さん、オビ文は中川五郎さんが快く引き受けてくれました。当時の共に夜を明かした作業が思い出されます。ありがとうございました。

最後に、本書で述べた6年間の活動と家庭を支えてくれた妻・千洋子の労にもねぎらいの言葉を記しておきたい。その支えがあったればこそ、続けられたし、その後の数十年とこの本の誕生もあります。

２０１６年2月　村元　武

年	フォークリポート（フォークソングの動き）	大阪労音
1964	●大阪労音、フォークソングと出会う	■創立15周年 会員数約15万人 ■村元、事務局（サンケイビル）入局、受付係を経て調査係に所属
1966	●大阪労音フォーク愛好会発足 ●第1回フォークフォークフォーク開催 ●高石友也、大阪で歌いはじめる	■A、B、C 例会から CM、PM、KM 例会へ改編
1967	●第1回高石友也リサイタル ●フォークキャンプ（京都高雄）、（大阪能勢） ●「帰ってきたヨッパライ」ヒット ●高石事務所、アート音楽出版設立	■会員数7万人に減少 ■CM、PM、KM、YPグループ（系列体制）へ改編 ■村元、PMグループに移る
1968	●フォークスクール（大阪新森小路・バプテスト教会） ●アングラ音楽会、フォークフロンティアコンサートなど ●フォークキャンプ（京都山崎・宝寺）	■新規事業を核にした再建案審議 ■機関決定、具体化に入る ■具体化の機関審議がストップ ■村元、宣伝センターに移る ■事務局、阿波座に移転 ■審議再開に事務局労組が全面闘争 ■事務局指導部が辞任 ■特定勢力と組合が直接対決に
1969	●アングラレコードクラブ発足 ●「フォークリポート」創刊 ●メッセージコンサート、あんぐら音楽祭など ●村元、「フォークリポート」制作に携わる ●新宿駅西口地下広場フォーク集会 ●URCレコード設立 ●反戦のための万国博（ハンパク） ●フォークキャンプ（びわ湖バレー） ●全日本フォークジャンボリー（中津川） ●岡林信康、蒸発 ●「日本禁歌集」制作スタート ●高石友也渡米	■新規事業を核にした再建案白紙 ■定時総会議案書 ■事務局員数人を残して総辞職（樋口、竹村、梅田、村元はURCレコード・アート音楽出版へ） ■定時総会前後の元事務局員有志による声明 ■事務局組合解散

関連年譜

	フォークリポート（フォークソングの動き）	プレイガイドジャーナル
1970	●高石事務所、音楽舎に社名変更 ●岡林信康復活 ●全日本フォークジャンボリー（中津川） ●財政逼迫 ●「フォークリポート」季刊へ、「冬の号」刊	◆「月刊プレイガイド」創刊 ◆演劇センター68/70『翼を燃やす天使たちの舞踏』 ◆「月刊プレイガイド」休刊
1971	●「フォークリポート冬の号」わいせつ図画販売容疑で押収 ●第1回春一番コンサート ●村元退職 ●全日本フォークジャンボリー（中津川）	◆早稲田小劇場『劇的なるものをめぐってII』 ◆事務所開設（谷六ビル） ◆「プレイガイドジャーナル」創刊 ◆「少年少女漂流記」 ◆演劇センター68/71『鳴呼鼠小僧次郎吉』
1972	●関西フォークキャラバン ●かわら版キャラバン ●フォークリポートわいせつ事件起訴 ●如月ミュージックファクトリー設立 ●ニコニコ堂設立	◆「春に追われし中之島」コンサート ◆演劇センター68/71『チャンバラ』 ◆「プレイガイド企画」 ◆事務所移転（野崎町ビル） ◆演劇センター68/71『二月とキネマ』
1973	●フォークリポートわいせつ事件裁判はじまる ●かわら版キャラバン	◆「同時代芸人フェスティバル」 ◆『大阪青春街図』刊行 ◆「三越土曜スペース」スタート ◆村元から林信夫編集長に ◆クリエイト大阪、有文社設立

村元 武 むらもと・たけし

1943年生まれ。1964〜1969年大阪勤労者音楽評議会（大阪労音）事務局、1969年〜1971年アート音楽出版、1971年〜1985年プレイガイドジャーナル社、1985年〜ビレッジプレス。
この間に、「新音楽」「フォークリポート」「プレイガイドジャーナル」「雲遊天下」の編集や、単行本、CD、コンサート、海外旅行などのプロデュースに携わった。

プレイガイドジャーナルへの道
1968〜1973
大阪労音―フォークリポート
―プレイガイドジャーナル

2016年5月25日　初版第1刷発行

著者……………………村元 武
発行者………………稲川博久
発行所………………東方出版株式会社
〒543-0062
大阪市天王寺区逢阪 2-3-2-602
TEL06-6779-9571　FAX06-6779-9573
www.tohoshuppan.co.jp／
印刷所………………シナノ印刷株式会社
ISBN978-4-86249-265-4 C0036